The story, is the best marketing skills

If you want to do a good job in sales,

learn to be a good story type communicator

销售就是
会讲故事

张易轩 ◎ 著

中国商业出版社

图书在版编目（CIP）数据

销售就是会讲故事 / 张易轩著. -- 北京：中国商业出版社, 2019.12
 ISBN 978-7-5208-1037-1

Ⅰ.①销… Ⅱ.①张… Ⅲ.①销售－方法 Ⅳ.①F713.3

中国版本图书馆CIP数据核字(2019)第271215号

责任编辑：朱丽丽

中国商业出版社出版发行
010-63180647　www.c-cbook.com
（100053　北京广安门内报国寺1号）
新华书店经销
三河市宏顺兴印刷有限公司印刷
*
880毫米×1230毫米　32开　6印张　130千字
2020年4月第1版　2020年4月第1次印刷
定价：38.00元
****
（如有印装质量问题可更换）

序

销售大师，都是讲故事的高手

现在，销售人员普遍反映，销售工作越来越难做。即使拥有舌灿莲花的口才，面面俱到地介绍产品卖点，但大部分的客户已不再盲目冲动，甚至越来越反感这种推销方式，有时甚至有需求也"偏不买"。

所以，是时候打破这种传统的推销模式了！那么，究竟用什么模式才能重新唤起客户们的"消费热情"呢？

我们应该先问问自己，我们爱听什么？

对，是故事！精彩的故事谁不爱听呢？爱听故事是我们每个人的共性，不管是咿呀学语的孩童，还是成年人，都无一例外地被好故事所吸引。每当枯燥深奥的知识让学生们在课堂上昏昏欲睡，每当空洞无味的讲话让职员们在会议中无精打采，可一旦开始听到一个精彩的故事，人们顿时会精神百倍，疲倦立刻消失得无影无踪。

这就是故事的魅力所在。那么，我们何不将人们对故事的嗜好变成一种有效的营销方式呢？

事实上，如果我们仔细观察研究就会发现，一流的销售大师首先都是故事大王。这些故事大王们在与客户插科打诨时，会绘声绘色地讲述一个个他们事先搜集与编撰的动人故事，将销售工作变得更加有趣而简单。

比如，使用ZIPPO打火机的顾客，没有几个熟悉ZIPPO打火机的材质与工艺，但却一定听过很多关于ZIPPO的传说故事。如：1911年12月，南越战场，美军安东尼在敌军炮火的攻击下，左胸口受到枪击却依然活了下来。因为子弹正中了他置于左胸口袋的ZIPPO打火机，机身一处被撞凹了，但安东尼却幸运存活下来；1960年，在奥尼达湖中，一位渔夫打到了一条重达18磅的大鱼，在鱼的胃中赫然躺着一支闪闪发光的ZIPPO打火机，而且一打即燃，完好如初；1974年10月1日，在旧金山海域内，空军飞行员丹尼尔发现飞机的引擎油门不顺，利用ZIPPO打火机的火焰发出求救讯号，并以火焰引导海岸警备队的直升机迅速发现其迫降位置而安全获救……

其实，不管这些故事是真是假，都不妨碍它们给这些品牌添加一对飞翔的翅膀。"天下生意均是商业秀，不会讲故事的不算好销售"。尤其是在当今这个信息爆炸的时代，人们的注意力已经有了免疫性，而如何说服他人认可你的观点或者意见，则更不是一件容易的事情，因此，我们迫切需要一种营销模式的创新。一个好故事无疑是最佳的出路，它不但能创造舒服的沟通氛围，也能激起客户了解的兴趣，更能在不知不觉中让他们产生信赖而潜移默化地接受你及你的产品。

销售，其实也可以变得让人舒服起来，就像椅子上的坐垫、大地上的阳光、佳肴里的调料。故事能用最温柔的方式打开客户的心门，触动顾客的需求。当你拥有一个庞大的故事库，你就能在销售时信手拈来，"润物细无声"的成交也就悄然而来了。

目录 CONTENTS

第一章
故事，是最好的销售技巧

故事是推销与防御间的一座桥 002
每一个客户都是一个感性的人 005
好故事就是无形的产品体验 008
好故事能让你"不战而胜" 011
用故事卸下你的销售包袱 014

第二章
从不缺素材，信手拈来皆故事

吃透自家的"品牌故事" 018
自己的经历就是最好的故事 021
讲自己的糗事，反而更讨喜 024
收集你与老客户之间的故事 028
引发名人故事中的"名人效应" 031

不要让事实妨碍了讲故事 034
吸引客户的三大"故事配方" 038

第三章
客户爱听的，才是好故事

吊胃口的故事，谁不爱听呢 042
藏着赞美的故事，多多益善 046
幽默故事，是最好的销售工具 050
"希望和梦想"是最大的卖点 054
从真贵到真值，一个故事就好 057
故事中的小惊喜，让销售生趣 061
以情动人，是最高级的营销手段 064
不同的客户需要不同的故事 067
学会察言观色，选择合适的故事 071
界限感，守住故事的下限 074

第四章
讲故事不难，难的是讲好故事

如何自然而然地开始你的故事 080
给客户讲故事，而不是背故事 082
好故事，画面感很重要 085
把你的故事控制在3分钟 088
听说美食和故事更配哦 091
换个方式，用道具讲故事 094

生动的故事离不开肢体语言 …… 097
让你的声音为你的故事加分 …… 100
在"适当瞬间"结束你的表演 …… 103

第五章
用故事掌控销售的每个环节

故事开场白促成"快速约会" …… 110
用一个故事勾起客户的购买欲 …… 114
深奥的术语也能变成丰满的故事 …… 118
把故事对准客户的异议点 …… 122
故事中的"小威胁"能加速签单 …… 125
价格战中,故事也能派上用场 …… 129
销售完成,你的故事还要讲 …… 133
客户的不满,用故事来平息 …… 136

第六章
递过话筒,让客户讲故事

有时候,听故事比讲故事更重要 …… 142
正确提问,引出一个故事 …… 146
怀旧话题,最能引起客户共鸣 …… 150
客户的故事中藏着他真正的想法 …… 154
让客户的故事跟着你的思路走 …… 158
安全空间,更容易让人敞开心扉 …… 161
坚持,才能让你听到想听的故事 …… 164

第七章
永远不要忘了你讲故事的目的

故事和你的商品应该高度契合 …… 168
用好故事中的心理暗示艺术 …… 171
比喻，不只是一种修辞手法 …… 174
互动，是实现销售的不二法门 …… 177
故事讲完了，销售工作可没完 …… 181

第一章

故事，是最好的销售技巧

如果有人问，所有的销售技巧里，只能选择拥有其中的某一项技能，你会选择什么？我希望你的答案是——讲故事的能力。

故事是推销与防御间的一座桥

逆反心理是人人都有的一种心理，是人的一种天性，在某些特定条件下，就会被激活，进而支配着人们的行为。而销售人员的推销行为，就是激活客户逆反心理的一种特定条件，他们对陌生的销售人员有一种本能的抵触情绪。在没有消除客户的这种心理之前便急于推销，交易99%不能达成。

如果不想"死"得这么快，你就要用好"故事"这个武器。

美国心理学家乔瑟夫和哈里，有一个关于沟通的著名理论——"乔哈里视窗"，它指出，当一个人敞开自己去讲述故事和表达情感的时候，能够将你的信任度从30%迅速提高到70%。

我们以保险行业为例，如果销售人员只是说，"保险可以帮助你渡过人生难关"，我猜几乎所有人都会在与此销售人员接下来的谈话前筑起一道防线。可是如果她这么说："你知道我为什么从事保险工作吗？那是因为我自己切实感受到它的作用。你看我现在挺健康的，但你可能不知道，6年前我得过乳腺癌，后来做了切除手术。虽然医保报销了我部分的治疗费用，可还是花光了我家里全部的积蓄。而且，手术之后，医生要我静养，我就没再上班了。可是护理费、营养费什么的，哪样不要钱啊。我和我先生都是农村的，老家也帮不上忙。当时我的孩子才刚上幼儿园，正是长身体的时候，家里就靠我先生一个人撑着，他也是工薪阶层，只好没日没夜地加班，我光心疼也没别的办法。医生知道我家的情况之后，问我怎么没买商业保险，我一下就愣在那里了，当时后悔死了。因为之前我上班的时候有人来单位宣讲过，但我觉得都是骗人的，就没买。从那之后，我就进了保险公司，从兼职先做起。不为别的，就是觉得保险真的真的是太重要了，我一定要把它传播出去，其他都是顺带的。"是不是听着听着，我们已经不自觉地卸下心防，信任对方，并伸出了友谊之手？

随着社会的进步和客户认识水平的提高，你应该已经发现：销售工作，绝不是简单的你买我卖的交易。那些只会僵硬、空洞地说教的销售员，很难让客户对其及其推销的产品产生兴趣。实际上，很多时候客户在选择与你合作时，并不是因为你的产品比别人家的产品好，而是因为他们认可你的人，爱屋及乌，他们最终才会选择你的产品和你的服务。

约翰逊是美国一家大型调查公司的职员，一次，他奉命写一篇关于证券行业的机密报告。通过多方打听得知，有一家证券公司的董事长拥有他需要的资料。于是，约翰逊便前去拜访这位董事长。当他刚刚在那位董事长的办公室的一把椅子上坐好，董事长的女秘书从另一扇门中探进头来对董事长说："哦，对不起，董事长，今天没有您需要的邮票。"

"哦，我女儿是集邮发烧友。"董事长顺便对约翰逊解释了一下。接下来，约翰逊表明来意，但谈话没有什么结果，因为董事长不想跟没有交情的约翰逊多说什么，更不愿把资料交给这个他不了解的陌生人。

三天后，约翰逊又拜访这位董事长。当他拿出许多有趣的邮票时，看得出来董事长高兴极了。

"贝拉一定喜欢这张，瞧这张，真棒！贝拉一定会如获至宝。告诉我，您是怎么弄到这些邮票的？"这位董事长一边连连赞叹，一边抚弄那些邮票，脸上充满了兴奋的表情。

接下来的时间里，约翰逊一直和董事长在谈关于邮票的故事，双方都滔滔不绝。直到要离开时，约翰逊也没有提索要资料的事，但是董事长却主动把约翰逊所需要的资料全部拷贝给了他。

约翰逊的这两次拜访经历，就生动地诠释了"故事"的意义。看似无意的小故事，却能化解客户大的抵触。通过讲故事，可以使双方放松一些，熟悉一些，造成一种有利于交谈的氛围。通过讲故事，大家可以更加了解对方，有利于找到共同的话题，有利于采用策略进行深入的交谈。

所以，要想做好销售，我们就要学会成为一名优秀的故事型沟通者，一旦你把客户带到了你的"主场"，你会发现你的"听众"不仅听进了你的故事，而且还会做出你想要的回应并与你建立联系。销售，竟如此简单。

每一个客户都是一个感性的人

客户是什么?

我猜大部分销售员会把客户放在自己的对立面——作为销售方,你希望的是客户掏钱购买;而作为购买方,客户认为握住金钱更有安全感。在这样的心理支配下,每次与客户接触的过程,都成了一次你与客户的理性博弈过程。

比如,你要推销你的健身卡,当客户表现出没有时间的时候,你认为:"只要你规划一下,时间一定是可以有的,每周只要3~5次,你可以用一些零散的时间……"而这时,客户就会在心里与你对着来,回想哪些重要事情是不能耽误的,哪些时间是不能被占用的。毫无疑问,这一定会是一次失败的教训。

其实,你要想到,客户首先是一个人,一个活生生的、有情有感的人,然后才是其他。如果可以让他的感性战胜理性,你的销售工作一定会简单得多。

事实上,科学的营销规律也证明了:消费者做购买决策时,往往是感情用事,然后在逻辑上将其合理化,从获得内心的安宁。也就是说,消费者买东西的时候,大多是不用做什么判断的,感情占了大多数。所以,对于销售人员而言,与客户之间建立起"非理性"的联系,让客户的情感和冲动战胜理智,这正是销售成功的关键——这不是欺骗客户,而是一种正常的营销手段。

那么，如何才能与客户之间建立起"非理性"的联系呢？

社会心理学家乔纳森·海德曾经说过："人类的大脑是故事处理器而不是逻辑处理器。"人类天生就爱听故事、记故事。不信你可以回忆一下，一个月前领导跟你讲过的业绩数据还记得吗？但是，同一个早会上，客户的案例故事，你一定是记忆犹新。因此，如果我们可以将想要表达的产品信息，以讲故事的形式说出来，就能让客户把耳朵先打开，产生共鸣，动之以情，再晓之以理，销售的成功率就会高很多。

比如，你可以用一个故事来传递你的观点："去年年底，我有一个会员，他来的时候是想减掉20斤。但他跟你也是差不多的情况，平时工作非常忙，在×××工作，每天忙得不得了，你想知道最后他是怎么解决这个问题的吗？"那么，效果一定好得多。

人们排斥大道理，但是并不排斥故事中蕴含的大道理。故事很少以理服人，也不以利诱人，而是通过一些起伏的事件，带动人们的情感起伏，最后让人们接受它所蕴含的道理。

所以我们说，销售需要故事。在销售工作中，一个好故事既能创造良好的沟通氛围，也能激起客户了解的兴趣，更能在不知不觉中化解客户的抵触，让他们产生信赖从而潜移默化地被说服。

丈夫出差回来，突然发现家里客厅角落里多了一个家用灭火器。

这是妻子买的。一个家用灭火器公司去她任教的学校做活动，现场展出很多照片。"全是火灾现场，吓死人。"妻子向丈夫还原了活动现场：在一个相对封闭的会场里，血淋淋的照片，满目疮痍的火灾现场，痛不欲生的当事人，都告诉消费者发生在家庭里的火灾是如何的恐怖。相信没有人不为这样的场景感到恐惧，尤其是那些参会的家庭主妇。

与此同时，营销人员不失时机地向大家推荐这种家庭用的灭火器，他并不告诉你拥有这个家庭灭火器就可以避免一切火灾，而是告诉你：有一个灭火器，总比没有好吧，况且才100多元钱，100多元也就是两人出去吃顿饭的钱，用这个钱来避免火灾，太值了！于是，在恐惧故事的气氛中，这个冷冰冰的罐子，被家庭主妇们抢购一空。

故事，可以将客户的购买热情从99度推向100度。通过生动的描述，让客户心有感触地意识到该为自己的生活保障行动起来了，当然，这种画面感的营造，就依赖于销售员讲故事的能力了。

其实，很多时候，客户消费，买的不仅仅是产品或服务，他们更需要在产品或服务的消费过程中，得到充满感性的享受和难以忘怀的体验。而这绝不是靠销售人员刀斧硬砍般地讲大道理所能实现的，而是用客户能接受并乐于接受的方式，激起客户聆听的兴趣，点燃客户心里埋藏的认同，"嘭"一下再放大，蔓延到大脑做出判断：你说得很对，有道理，是真实的。

事实上，销售高手与普通销售员之间的一个最显著差异就是讲故事的能力。顶尖的销售高手，他同时一定也是一个讲故事的高手。他们可以在销售谈单的任何环节——无论是吸引客户关注、建立客户信任，还是做客户背调、签约收款——只要他们需要，就能把一个个故事从大脑中调出来，加以润色，在合适的时机，结合不同的产品，用合适的方式讲给他们的客户听。

好故事就是无形的产品体验

一般而言，消费者在购买某种商品时最关心的就是商品本身，害怕花了钱却买不到称心如意的产品。然而，产品的质量单纯靠理性说服是远远不够的，客户需要"体验"。

只有亲身感受产品的功效，客户才会更加懂得商品的真正价值，更深刻地体会到自己拥有这一商品的实实在在的好处，从而做出购买的决定。而作为销售员，你的任务就是：在这个过程中，掌握让客户体验的最佳时机，在最佳时间让他们参与进来，并且恰到好处地让客户感觉到产品的优势，从而有效地推动交易进程。

例如，如果你卖的是床垫，就请客户躺在上面试试；如果卖的是相机，就让客户拿着相机对焦，空拍几张；如果卖的是服装，就鼓励客户试穿一下；如果卖的是快餐食品，就准备一些让客户品尝，等等。在体验产品时他们不自觉地就会投入感情，产生希望拥有的心理暗示，这都无疑是促使客户更快地做出购买决定的动力。

事实上，除了让客户亲身体验外，作为销售员，我们还可以给客户一种无形的产品体验——讲故事——有时，这种方式甚至更好。

我们以电动车售卖为例，许多导购员都是将电动车的材质、工艺、好处等一一为客户"背诵"、展示并请客户"验证"。但这种千篇一律的推销方式，能点燃顾客的认同，激发购买的欲望吗？

实际上很难，因为对于客户而言，你的专利技术、荣誉证书离他很遥远，试骑体验也无法起到真正的效果，要知道，谁又比谁差多少呢？

其实，对于销售员而言，会"背"产品知识不如会讲，会讲就需要深入浅出，帮助客户建立产品联想加强感知，而这，就需要故事来帮忙了。

让我们看看下面这个聪明的导购员怎么讲：

"后街那个摩托城你知道吧？那儿有个卖摩托的叫雷子，上周末他来这儿买车才叫专业，来了二话不说，把前把一逮（dǎi谐音，猛拽一把丢开），然后说你这个车不错，我就问他：你这么一逮咋就知道我们这车不错呢？他说，车好不好先看车架，前把一逮，车架就会晃动，看车尾晃动后几下能停住，你这车，两下就停了，车架不错。"

当然不止这一个故事，有时候他还会这样讲："上个月在建设路上有电动车杂技表演你看了没？人家骑的就是这款车，上面坐了6个人，当然人家是玩杂技的，人家会骑，但咱这车能载得动6个人，车架没的说。不信你来试试！"

这种讲故事所营造的无形产品体验，是不是比客户亲自体验还要好？客户听你讲别人的故事，潜意识里就会放松戒心。

值得一提的是，销售员在讲故事的时候，切忌肆意夸大其中的细节。也许你希望的是它可以帮助你增强说服力，但实际上，谎言终究是谎言。正所谓"说者无心，听者有意"，当客户真的对故事进行求证时，你甚至会完全失去这个客户。

好故事能让你"不战而胜"

任何销售员,即使是最优秀的销售员,也免不了客户的质疑或责难。每当遇到这种情况,总有一些销售员忍不住地要为自己或产品进行一些抗辩。但你只要一开口争辩,不管结果如何,就已经输了。原因就是:"如果你老是抬杠、反驳,也许偶尔能获胜;但那是空洞的胜利,因为你永远得不到对方的好感。"

然而,客户的质疑声,又是必须要完全消除的。客户不再反对,你才有机会将产品卖给他。因此,我们急需找到一种可以让自己"不战而胜"的方法。真的有这种方法吗?

当然有。

有位做了4年的保险推销顾问,经常面对"保险是欺骗""你是骗子吧"等质疑,让我们看看他是怎么做的吧:

客户:"保险都是骗人的!"

推销员:"您认为我是骗子吗?"

客户:"是啊,你难道不是骗子吗?"

推销员:"我也经常疑惑,尤其在像您这样的人指责我的时候,我有时真不想干保险了,可就是一直下不了决心。"

客户:"不想干就别干,怎么还下不了决心呢?"

推销员:"因为我在四年时间里已经同500多个投保户结成了

好朋友，他们一听说我不想继续干下去，就都不同意，要我为他们提供续保服务。尤其是13位理赔的客户，听说我动摇了，都打电话不让我走。"

客户："还有这事？你们真的给投保户赔偿？"

推销员："是的，就拿我经手的第一桩理赔案来说……"

就这样，他一次又一次地战胜了客户对保险推销的偏见和拒绝。

看，这就是故事的魔力！顺从客户的意思，让他放下戒备心理，然后用一个故事来证明给他看，增加信任感，接下来的工作就变得简单多了。

有一句销售行话是："占争论的便宜越多，吃销售的亏越大。"一位客户也曾经这样说过："不要和我争辩，即使我错了，我也不需要一个自作聪明的推销人员来告诉我（或试着证明）；他或许是辩赢了，但是他却输掉了这笔交易。"所以，一个真正成功的销售员，是绝不会与自己的客户进行争辩的，即使是最细小的争执也要避免。

当年，苹果在研发麦金塔计算机的时候，乔布斯坚持要对开机速度做优化。经过一段时间的努力，工程师们很气馁地说他们尽力了。

但是，乔布斯仍然坚持说要再缩短十秒，他没有利用权威、命令，而是给他们算了一笔账："未来会有500万人用我们的产品。假设一台电脑省出来10秒，500万台就是5000万秒，一年就是3亿多分钟，就相当于10个人的一生。所以，为了拯救这十个人的生命，恳请各位加把劲吧!"

  结果,他们真的做到了,甚至大大超出了预期,把开机时间缩短了28秒!

  没有命令,没有说教,乔布斯用故事的力量,绕过了逻辑,直接唤起了工程师们内心的感受,达到了他想要的结果。

  实际上,不管是职场沟通,还是广告营销、日常交流,甚至文学表达,故事都无处不在,每时每刻,它都在改变我们的想法,影响我们的行为。虽说我们常说"良药苦口利于病,忠言逆耳利于行",但销售场上是绝对不需要逆耳忠言的。如果能用一个好故事就能改变客户的想法,为什么不这样做呢?

  记住:不去争辩,而是以一种稳重有礼、正面积极的方式处理质疑,那么你也许就能够换回客户的"笑脸",达到自己的销售目的了。

用故事卸下你的销售包袱

不可否认，如今许多销售人员的内心深处，仍然会认为销售是一个卑微的行业，干销售是很没面子的工作。尤其是销售新人，在客户面前自觉低人一等、过于谦卑是非常普遍的现象。而且，在销售过程中，被拒绝、被指责、被误会更是在所难免，这会让销售员不由自主地产生害怕、郁闷、气愤、委屈等消极情绪。

背负着这些销售包袱去推销，结果可想而知。

对于销售行业的误解，固然需要正确的观念做引导，但在情绪上，我们必须找到一种更行之有效的方式去化解。

而讲故事，正是这样一味"灵丹妙药"。讲故事，卸下的不仅仅是消费者的心防，更有自己的销售包袱。

创建于1972年的美国著名智库之一——布鲁金斯学会，以培养世界上最杰出的销售人员著称于世。这个学会有一个传统，就是每学期学员毕业的时候，学会都会设计一道最能考验销售人员能力的题目。克林顿当政期间，他们出了这么一个题目：请把一条三角裤推销给克林顿。八年间，有无数个学员为此绞尽脑汁，可是，最后都无功而返。到了小布什总统当政期间，布鲁金斯学会又把题目换成了：把一把斧子销售给小布什总统。

鉴于前八年的失败与教训，很多学员都主动放弃了这个销售的机会，他们认为：总统什么都不缺；即使缺少什么，也不一定缺少一把斧子；即使他要购买，也不会亲自购买；即使他亲自购买，也不一定要购买我的斧子。然而，就在这么多的不一定的条件下，一个名叫乔治·赫伯特的学员却做到了。

在接受记者采访时，他说：

我认为，把一把斧子推销给小布什总统是完全可能的，因为小布什总统在得克萨斯州有一个农场，里面长着许多树。于是我给他写了一封信，说：有一次，我有幸参观您的农场，发现里面长着许多矢菊树，有些已经死掉，木质已变得松软。我想，您一定需要一把小斧头，但是从您现在的体质来看，这种小斧头显然太轻，因此您仍然需要一把不甚锋利的老斧头。现在我这儿正好有一把这样的斧头，它是我祖父留给我的，很适合砍伐枯树。假若您有兴趣的话，请按这封信所留的信箱，给予回复……最后他就给我汇来了15美元。

"不是因为有些事情难以做到，我们才失去自信；而是因为我们失去了自信，有些事情才显得难以做到。"当我们可以卸下心理压力，将斧子卖给小布什总统也就不是什么难事了，而乔治·赫伯特靠一个故事就实现了这一点。

然而，现实情况是，那些放弃的学员主导着销售市场。他们希望马上达到目的，往往就会让自己紧张起来，声音会颤抖，动作会僵硬。这样，对方也会感觉到他们传达出的不安，交易自然无法顺利进行。这时，不妨放下你的急功近利，用一个故事来展开你的销售工作。给客户讲故事，不仅是为了放松自己、活跃气氛，实现"有得聊"的局面，也是为了吸引对方的注意力，博取客户的好感，说得通俗点就是要为你的销售开一个好头。

当然，给客户讲故事并不是一件容易的事，会讲故事不代表你在做销售的时候就能够讲好销售故事，就像我们看到很多人在酒桌上侃侃而谈，而到了演讲的舞台上却一言也不发一样，不仅仅是因为他面对公众演讲的恐惧，还有就是他缺乏公众演讲的技巧。如果你还不具备给客户讲故事的能力，那么从现在开始学习还不晚。

第二章

从不缺素材，信手拈来皆故事

有些人天生就会讲故事，但对另一些人来说，学会讲故事则需要多下点功夫。但也别气馁，其实我们每个人的右脑每天都在从早到晚不断地加工微电影，也就是说每个人都有故事可讲。

吃透自家的"品牌故事"

我想你关于"万有引力定律"的知识一定是从这个故事开始的。在他的果园中,牛顿坐在一棵苹果树下,一个苹果坠下砸在他的头上,这引起他揣度物体坠落的原因,并从而找到解决引力问题的线索。但传记作家迈克尔·怀特在1996年出版的牛顿传记《最后的巫师》中称,这是历时250年的一项掩饰这位科学家阴谋的一部分。牛顿的出版经纪人巴格,是牛顿的侄女。有迹象表明她参与了牛顿苹果落地神话的策划。

但不论真假,这无疑使牛顿和他的万有引力定律声名远播。

事实上,古今中外,不管是发明家、政治家,还是企业家,他们都热衷于用故事来作为传播的载体。因为故事本身具有的传播性是其他任何形式都无法替代的。

例如,全球著名的珠宝品牌卡地亚,是全世界有情人的梦想,其背后的传奇爱情故事更是传唱至今。

故事的女主人公叫珍妮,作为卡地亚设计大赛的冠军选手,一个偶然机会她有幸进入卡地亚公司。她张扬的个性和无所畏惧的胆略使她看到了珠宝设计领域一片崭新的天地。她主张艺术设计应该回归自然,从大自然的动物和花卉中寻找灵感。为了获得艺术源泉,这个爱冒险的女子竟然申请前往美洲丛林考察,并鼓动卡地亚家族继承人约瑟夫，也就是故事的男主人公，也随她们的考察队一起去。而约瑟夫鬼使神差地答应了。

在那里，他们置身于野生动物的海洋，呼吸着大自然清新的空气，心中涌动着无限艺术情思。这一天，考察队的大多数人员都在营地休息，珍妮和约瑟夫决定开车去四周看看。

在一片并不茂盛的草地上，正在他们被一种美丽的美洲兰草所吸引而流连忘返之时，一只健壮的美洲豹悄无声息地开始慢慢靠近约瑟夫。珍妮先一步发现了这一可怕的情况，大喊约瑟夫快逃。但约瑟夫惊恐之间残存的一丝理智告诉他，假如立即奔跑，美洲豹必将扑过来咬住他。于是他猛地掉转那架硕大的相机，对着美洲豹"咔"地一按，闪光灯把美洲豹吓住了。就在这生死危机的关头，珍妮趁机脱下上衣，用随身携带的打火机点燃，向美洲豹投掷了过去。那家伙被一团火焰吓住了，逃进了丛林。

劫后余生的两个人迅速坠入爱河。但约瑟夫当时已有妻儿，虽然属于纯粹的商业联姻，但已婚仍是事实。不过，尽情沉醉在激情里的两个人已是情不自禁。

1936年12月，即位不到一年的英国国王爱德华八世为了跟离异两次的美国平民女子辛普森夫人结婚，毅然宣布退位。为了表达自己的爱情，成为温莎公爵的他请卡地亚公司为公爵夫人设计首饰。这个重大任务落到珍妮身上，温莎公爵"不要江山要美人"的爱情故事深深地感动了她，也让她想到自己与卡地亚继承人约瑟夫之间毫无希望的未来。珍妮绞尽脑汁，想在珠宝设计上用一种全新的风格诠释这种坚贞。终于，和约瑟夫在美洲丛林遇险的情景浮现在珍妮脑海，她将自己全部的感情融入设计中，设计出"猎豹"胸针、"BIB"项链、"老虎"长柄眼镜和"鸭子头"胸针等一系列珠宝饰品。接着，一个装有57件卡迪亚首饰的珠宝盒被送到温莎公爵夫人手中，她被丈夫的爱感动得泪流满面。

珍妮成功了，但是当她眼含热泪与约瑟夫共同举杯庆祝时，却也让约瑟夫的妻子发现了自己丈夫和她之间的隐秘情感。面对威胁，珍妮不愿意自己所爱的人痛苦，也不愿意看到她倾注了无数心血的珠宝品牌因她而形象受损，她决定放手。

1942年夏天，在一个星光点点的夜晚，珍妮和约瑟夫相约塞纳河边，做最后的告别。约瑟夫拿出一个红色的盒子，里面静卧着一枚精致的梨形钻戒。当他为珍妮戴上戒指时，她潸然泪下。可她万万没想到，这戒指不是今生的承诺，而是来世的约定。回去的路上，珍妮的车出了事故，而那天约瑟夫没有开车，也在她车上。他伤势严重，再也没有醒过来。

卡地亚珠宝，因一段凄美的爱情故事成就了一个品牌佳话，更使得品牌本身像蒲公英一样传播开来。

没有故事的品牌只是一个符号、一个名称，而不是一个真正的品牌。作为销售员，我们在销售之前，都别忘了梳理企业文化，吃透品牌故事，以达到提高产品品位、增加品牌内涵的效果，更达成我们销售的目的。

当然，有时我们的品牌可不止一个故事。这就要求我们在面对不同的客户时，选择不同的品牌故事来宣传。面对投资者，需要讲过往的诚信故事；面对合作伙伴，你更需要讲过去及时付款的故事……总之，在激烈的市场中，给品牌赋予故事，必能给企业、品牌和你自己带来勃勃生机。

自己的经历就是最好的故事

通常，我们在讲述一个故事时，会以三种基本视角开始：第一人称、第二人称和第三人称。

第一人称，就是说"我"，采用我的视角去讲故事。通常，我们在讲述自己的故事时，都用"我"的视角，这样容易让人有真实感。第二人称，就是在说"你"。通常在用"你"这个词时，更多是给对方一个建议或是指导。第三人称，就是在说"他"，从视角人物的立场讲故事，这样我们可以将自己变成一部摄像机，记录栩栩如生的细节与镜头。

用这三种视角讲故事，各有利弊。但给客户讲故事，我们的建议是：只要有可能，就尽量采用第一人称的视角来讲述。因为第三方的例子，始终没有发生在你身上的例子更让人信服。

这其实跟心理学上的"自我暴露效应"原理是一样的。即一个人如果想要和别人建立比较密切的关系，一定程度的自我暴露是不可缺少的。这不难理解，例如，一个人的恋爱经历属于个人隐私，一般人只会对特别亲密的朋友说。如果你主动透露自己的隐私——"我从上学的时候就没有女人缘""真是不好意思，我曾经被甩过3次"，这就等于向对方暗示：你与他的关系比较亲近。这样，对方也可能会放松地谈论自己的事情——"我也是这样啊……"这可能会使你们的关系更近一层。

因此，在开展销售工作之前，我们不妨和对方分享一些自己的故事，包括我们个人的故事和我们公司的故事。例如："说起来，前几天有这么一件事……""我儿子啊，前几天捡回来一只被人遗弃的小狗，本来我想让他扔了，结果现在我比他还喜欢那条狗呢！"……即使是一些与销售工作不相干的故事，也可以让谈判在一种温馨的气氛中开始，并且更顺利地进行。正如美国亨廷顿国际银行的首席采购员德比·马诺斯·麦克亨利所说："这些故事不会让我买一些不需要的东西，但它们肯定使谈话变得更加顺畅。"

当然，讲关于自己的故事，不同于做简历，不必将自己的人生履历一一告知对方，也是有一些技巧在其中的。

大多数销售员常用的方法就是在对方与自己的共同点上做文章。例如，一位朋友讲起自己一次买裤子的经历：

"有一次，我到商店买裤子。试穿了很多条，也没有觉得非常满意的。正在我犹豫不决的时候，一旁跟我身材差不多的导购女孩满脸微笑地跟我攀谈起来。

"'您在买裤子的时候，是不是非常难买到合适的？'她问。

"我看了这个苗条高挑的女孩一眼，说：'是啊！'

"她继续说：'像我们这样身材太苗条的人，很难买到腰围合适的裤子，我就经常买不到。'她边说，边用双手做了个掐着自己细腰的动作，对着我微笑。

"'是的，很多裤子我都喜欢，但有的没有小号，腰围有点大，就穿不了。'她这一说，还真说到了我的苦恼。

"'对呀！以前我也在网上买过裤子，有适合的，但质量都不太好。我觉得咱们店里的裤子穿着挺舒服的，你看我现在穿的就是！'说着，她低头看自己的裤子。

"我对这个与自己同样感同身受的导购女孩顿时有了好感，立即决定买一条裤子。"

正所谓"物以类聚，人以群分"，各种情况的相似，都能引起不同程度的人际吸引。共同的态度、信仰、价值观、经历和兴趣；共同的语言、种族、国籍、出生地；共同的民族、文化、宗教背景；共同的教育水平、年龄、职业、社会阶层；甚至共同的身体特征，如身高、体重等，都能在一定条件下，不同程度上增加人们之间的相互吸引力。

"磨刀不误砍柴工"，只要你有心，一定可以在自己与客户之间找到共同点，多讲讲自己身上能与客户产生共鸣的故事，就可以营造出一种"自己人"的效果，拉近彼此的心理距离。那么接下来，你的销售工作一定会容易得多。

讲自己的糗事，反而更讨喜

平时多搜集一些自己的糗事、自己不如他人的故事，关键时候会有妙用。

也许会有很多销售员对此不太理解。在与客户的交往中，不应该是各个方面都表现得完美无缺，才更受客户的喜爱、信赖吗？

其实不是。实际上，才能平庸者固然不会受人倾慕，但全然无缺点的人，却也未必讨人喜欢。因为当一个人的才华让他人感到遥不可及的时候，就会变成一种心理压力，使人们敬而远之。

事实上，最讨人喜欢的人往往是才能出众而又带有一点小缺点的人。比如，伟大的学者爱因斯坦，大家都知道他在物理学方面做出了重大的贡献，但他在某些方面却表现得相当傻——他曾经忘记自己家的地址，也无法记住自己家的电话号码；拍照的时候，也总是摆出吐舌头等怪异的姿势。但正是这种傻气与可爱，反而提高了他的人气。试想，如果爱因斯坦是一位总是表情严肃、眉头紧皱的学者，也许就不会受到如此多的爱戴了。

这其实就是心理学中的"仰巴脚效应"，是著名的心理学教授阿伦森通过一个试验得出的结论。

在实验中，他把四段情节类似的访谈录像分别放给测试对象：

第一段录像中的是个非常优秀的成功人士，在接受主持人采访时，他的态度非常自然，谈吐不俗，表现得非常自信，没有一点羞涩的表情，他的精彩表现，不时地赢得台下观众的阵阵掌声。

第二段录像中的也是个非常优秀的成功人士，不过他在台上的表现略有些羞涩，在主持人向观众介绍他所取得的成就时，他表现得非常紧张，竟把桌上的咖啡杯碰倒了，咖啡还将主持人的裤子淋湿了。

第三段录像中的是个非常普通的人，他不像上面两位成功人士那样有着不俗的成绩，整个采访过程中，他虽然不太紧张，但也没有什么吸引人的发言，一点也不出彩。

第四段录像中接受主持人访谈的也是个很普通的人，在采访的过程中，他表现得非常紧张，和第二段录像中的人一样，他也把身边的咖啡杯弄倒了，淋湿了主持人的衣服。

当教授放完这四段录像之后，让测试者们从上面的这四个人中分别选出一位他们最喜欢的和最不喜欢的。

最不喜欢的毋庸置疑，当然是第四段录像中的那位先生。可奇怪的是，测试者们最喜欢的却不是第一段录像中的那位成功人士，而是第二段录像中打翻了咖啡杯的那位，有95%的测试者选择了他。

对此，心理学家的解释是：如果一个人表现得完美无缺，我们从外面看不到他的任何缺点，反而会让人觉得不够真实，会降低他在别人心目中的信任度，因为一个人不可能是没有任何缺点的，尽管别人不知道，他心里对自己的缺点也可能是心知肚明的。而且取得突出成就的人，往往给人一种高不可攀、咄咄逼人的感觉，更令人望而生畏。而一些微小的失误比如打翻咖啡杯这样的细节，不仅不会影响人们对他的好感，相反使人觉得他也和常人一样，会犯错误，有平凡的一面，让人从心里感觉到他很真诚，值得信任。从而感到更好接受，更有安全感。

所以，我们可以得到这样的启示：销售员在与客户沟通交流时，如果可以讲讲自己的糗事、不如对方的事，或者出点小洋相，反而会更快地拉近彼此之间的距离。

一名大学讲师，由于工作需要，要买一些展板，可是托朋友问过价格后，她觉得超出她的预算，便决定亲自出马，跟人家好好杀杀价。

那家卖展板的小店是兄妹俩开的。哥哥个头不高，穿着很朴素，妹妹戴着一副眼镜，脸上总是挂着真诚的笑容。大学讲师进去后，兄妹俩很是热情，和她攀谈起来。当他们知道她是一名讲师时，兄妹俩投来敬佩的目光，并对她说："我们兄妹俩都没什么文化，只能在这儿开个小店，我们俩最大的理想就是上大学，希望有机会能听您讲课去。"大学讲师听后把杀价的话又咽了回去，并交付了定金。

其实，卖展板的兄妹俩也没有做什么，不过他们把自己的"悲惨"境况告诉客户后，唤起了客户的同情心，令客户不好意思开口讲价了。而这也正是兄妹俩想要得到的效果。

然而，现实生活中，大部分的销售人员却都喜欢逞强而不喜欢示弱，总想以强大来标榜自己，想以完美来赢得别人的尊重和崇拜。殊不知，这反而让自己的短处暴露无遗，在这种看似强大、完美的心理攻势面前，客户也不会做出退步。反而是适度地、有策略地弱化自己，才更能取得客户的理解，也就更能获得生存和发展的空间。

事实上，世界上就不可能存在真正完美、没有缺点的人。如果一个人总是表现得很完美，倒很容易让人怀疑其中有造假的成分。或者说，故意把自己表现得很完美，这本身恐怕就是一个缺点。比别人聪明，但不要表现得比别人太聪明，才是一个真正聪明的人。

收集你与老客户之间的故事

一般人都不愿意做"实验室的小白鼠",尤其是消费者。因为购买产品从某种意义上来说,就是一种冒险。即使事先做了充分的准备,搜集了大量有关产品的信息,但是买回来后用着怎样仍是未知数。因此,人们总是想知道是否有先例可循。如果有,就会觉得别人已替自己分担了一定的风险,才会更放心购买。

也就是说,客户购买一个产品或服务的时候,其他购买过的人对产品的评论会对他的购买决策产生非常大的影响。就像我们在网上购物,一定会去翻阅宝贝评价一样,看看已经购买的人是如何评价这个产品的,他们的感受怎么样,再决定是否购买。

根据人的这个心理特征,销售员可以多收集一些自己与老客户之间的故事,尤其这老客户恰恰是对方所熟悉的人或朋友的话,那就更加在他心中增加了不会出错的"保险系数"。

某公司有这样一个聪明的销售员。由于工作勤奋并且善于利用各种销售工具,因此他深得现在所服务的经销商X总的满意。一次,这个销售员要开发周边新的市场的时候,请X总帮助自己介绍客户,X总非常爽快地帮助销售员介绍了临县和自己是同行的经销商Y总。然后销售员去拜访了Y总,他拜访Y总的过程如下:

销售员如约敲开了客户Y总的办公室,他面带微笑,先向Y总做了自我介绍，然后非常诚恳地说："非常感谢Y总在百忙中抽出时间与我会面。"

Y总："不用客气，我也很高兴见到你。"

销售员："Y总，我听汇源商贸X总说，跟您做生意最痛快不过了。他夸赞您是一位热心爽快的人。"

Y总："你和X总很熟吗？"

销售员："是的，我们和X总合作一年了，这一年来，我们合作得非常愉快。在我们接触的过程中，X总常常在不经意间流露出对您的赞扬……"

Y总："X总在这个行业经营多年，他才是我学习的榜样。谈谈你和X总是怎么合作的？"

就这样，销售员打开了Y总的心理防线，并令Y总产生好感，让他能够聆听自己讲解，为接下来赢得客户信任打下良好的基础。

很多时候，客户认识、熟悉的人或朋友，完全可以"拿来"作为销售第三方为我们所用。案例中销售员对客户讲他与X总之间的故事，就对销售起到了至关重要的作用。优秀的销售员都应该懂得这一点，并在销售实战中恰当地加以运用。

比如，假如你是一名沙发销售员，你一直以来的话术也许是这样的："我们这套沙发月销量是最高的，很多顾客都订购了这套沙发，您看我们的销售数据，您选这套没错的，我们做了10年了，老品牌，质量您就放心吧。"但实际上这里并没有什么可以让人真正放心购买的理由。因为对客户来说，销售员是卖产品的，当然会说自家的产品好，他们的描述是有"水分"的。但如果你加入了老客户的故事，那效果就不同了："我们店已经开了10年了，今年刚好是第10年，我们10周年店庆活动就是'共同见证，一起成长'，凡是购买过我们产品的老客户都把他们的购买体会发信息给我们，我们会评选出最让人感动的瞬间。您看这些信息，家住家和家园的王先生10年前购买了我们的沙发，在10年里推荐给他的亲朋好友共10户家庭，他自己的新房装修，再次选用了我们的沙发，他分享的心得是：'我们的沙发品质值得信赖，摆出来高贵大方，用起来舒适安逸。'您购买的话一定错不了！"一个好的老客户的故事，一定会帮你的话术起到画龙点睛的作用，把客户的购买热情调动起来，提升客户的信任度。

这其实和世界上最伟大的推销员乔·吉拉德在商战中总结出的"250定律"是一个道理。乔·吉拉德认为每一位客户背后都有250个与他关系密切的人，这250个人可以是那位客户的同事、邻居，也可以是他的亲戚、朋友，无论怎样的关系，毫无例外的是，这250个人必然会受到那位客户的影响。如果你让他产生了不愉快的感觉，那么，也就意味着，你失去了他背后这250名客户。那么，反过来说，如果他背后那250名客户知道他已经购买了，并且使用满意，那么，也必然会增加这250名客户对于销售人员及产品的信任度。

所以，是时候让你的那些老客户焕发新的活力了，采访那些老客户，给他们礼遇和尊重，请他们说出自己的真实体验来，他们一定会有精彩故事的。

引发名人故事中的"名人效应"

聪明的客户,不会因你的声明便购买产品尤其是价格昂贵的产品,他们需要证据。聪明的销售人员当然会准备足够的证据来证明产品的种种好处。其中,最好的证据就是名人的见证。

因为人们总是有这样的心理:名人生活的环境是非凡的地方,与名人有联系的必定是不一般的。基于这种心理,人们纷纷追逐、效仿名人。因此,罩在名人光环之下的商品,也会让消费者产生非常大的好奇心,产生非常强的信赖感。

美国一出版商有一批滞销书久久不能脱手,他忽然想出了一个主意:给总统送去一本书,并三番五次去征求意见。忙于政务的总统不愿与他多纠缠,便回了一句:"这本书不错。"出版商便借总统之名大做广告,"现有总统喜爱的书出售",于是书被一抢而空。

不久,这个出版商又有书卖不出去,又送一本给总统,总统上过一回当,想奚落他,就说:"这书糟透了。"出版商闻之,脑子一转,又做了广告:"现有总统讨厌的书出售。"不少人出于好奇争相抢购,书又售尽。

第三次,出版商将书送给总统,总统接受了前两次的教训,便不做任何答复,出版商却大做广告:"现有令总统难以下结论的书,欲购从速。"居然又被一抢而空,出版商却因善借总统之名大发其财。

尽管这是个笑话,但却也说明了,滞销的商品通过销售人员的精心策划,假借名人效应,还是可以由滞转俏的。

其实,这主要是人们心理上的一种"光环效应"。也就是说,当一个人在别人心目中有较好的形象时,他就会被一种积极的光环所笼罩,从而被赋予其他良好的品质。就好比当我们看到一个人长得很漂亮的时候,也就会觉得她很聪明、很善良等。由于销售人员所选取的名人一般具有积极的形象,所以人们会把对名人的积极印象扩大到产品中,进而对产品也会持有积极的印象。

一般来说,这个名人可以是某个或某些权威人物。比如一位销售专家,他总是随身携带着一本有许多页的客户名单,名字都是客户自己手写的。每当面对新的客户,他都将名单放在桌子上。"你知道我们以我们的客户为荣,"他说,"你认识最高法院的威廉法官,对吧?我估计你也认识理查德,全国制造公司的总裁。他们都使用过我们的产品。你看,这是他们的名字。"他会饶有兴致地和新客户谈论这些名字,然后说:"有这样一些人都接受了这个价位,如……"他接下来念着一些更知名的人的名字,"具有这种才干的人是什么样的人,具有什么样的判断力。我想把你的名字写在下面,和威廉法官与普雷市长的名字放在一起。"一般来说,无须再进行其他的争论,他就与多数客户成交了。这位营销专家用权威人物的故事启动了客户心中的安全感,这比干巴巴地介绍产品或服务的优点更能打动客户。

另外,明星人物对于客户的影响力也是不容小觑的。人们因为关注明星，而关注其代言的商品，因为对明星的感觉很好，则认为其代言的商品也是值得信赖的，这样商家就达到了宣传和销售的目的。

虽然我们都知道，不管是明星做广告还是普通人做广告，商品的质量都不会因此而发生变化。但不可否认的是，由明星做广告的商品确实会因此而被很多人所接受，增加该商品的销售量。

当然，在销售的过程中，销售人员也要正确合理地运用这种优势，而不能贪图眼前的利益弄虚作假欺骗客户，这样必然会带来严重的后果。

不要让事实妨碍了讲故事

故事是以事实为基础的，比如你正在陪审席听证人的证词，那么你一定会期望证词的所有内容都是真实而准确的。可是，如果你是在看一部名为《哈利·波特与死亡圣器》的电影，或是正在给孩子读一本叫作《小红帽》的童话故事，你应该不会要求故事中任何内容都是真实的。

可见，故事的真实与否，与人们的期望并不总是一致的。事实上，对于客户而言，不管是你在高尔夫球场讲的工作故事、在咖啡馆讲的钓鱼故事，还是在办公室讲的关于你拿到公司今年最大单的得意故事，只要是在他们对故事的期望范围之内，都是恰当的。所以，千万不要让事实妨碍了一个好故事。

但是，在你放飞你的想象力之前，最好记得这个条件：故事可以不是事实，但不能没有真实感。太夸张的风险是显而易见的。我们举个简单的例子：比如，你告诉客户，你周末钓到了一条8斤重的大鱼，即使事后他知道只有7斤，这也不会对你们之间的关系有什么太大的影响，但如果他发现你周末根本没去钓鱼，那恐怕你再多的解释也无济于事了。总之，你的故事越偏离实际发生的事情，将来可能发生你失去他们对你的信任的概率越大。

那么，我们如何才能"虚构"一个不失真实感的故事呢？

一是符合逻辑的真实感。逻辑是人类思维对认识对象的按照自我的认识规律而组织的程序。就好比狼吃羊、羊吃草一样，如果你的故事中是羊吃狼、狼吃草，那么一定不会有人觉得这是一个真实的故事。

二是制造环境的真实感。时间、地点、人物，对一个故事的重要性不言而喻，如果你故事中的人物与环境水土不服的话，那一定也是失败的。比如一个发生在汉朝的故事，你却这样开头："老佛爷狠狠一拍桌子，檀木桌上的青花瓷盖碗呛啷一声，洒了些祁门红出来。"又比如一个发生在美国的故事，你偏这样讲："勒奈特是普罗旺斯的贵族之女，因和一个叫格力斯的穷小子私通被沉了塘。"如果这样你还希望听的人有代入感，那简直是奢望。

对于销售员来说，如果要虚构故事，同样要以实际生活作为依据。具体来说，我们可以运用以下两个小技巧，来增强故事的真实感：

1. 注重故事细节的刻画

虚构的故事要想讲得跟真的一样，就必须在某些部位注入细节。这些细节会让你的故事更加丰满、真实，具有画面感，令人感同身受，从而引人入胜。例如，当你想跟客户描述一款质量差的灯具产品对人的眼睛伤害有多大时，你可以用一个充满了细节描述的故事，来代替"差的护眼灯频闪严重不护眼"的干巴说明："您想想看，在一闪一闪的灯光下看书是什么感觉，不用太长时间您的眼睛就会酸疼而不停地揉眼睛。这还不是最严重的，不好的护眼灯对眼睛的最大伤害是无法直接看到的，如果长期在这种灯光下学习的话，早晚都会造成近视眼，就像我们家隔壁的邻居……"多了细节的说明，有了细节的描述，是不是可信度马上得到了极大的提高？即使有时候你的故事不够精彩，却同样可以吸引人。

因此，当我们用故事向客户证明自己的产品实力时，最好要说出"样板客户"的一些细节，他的言谈举止、说话风格和衣着打扮，这样客户才会觉得你没有捏造事实，你是真诚地在与他分享一个成功销售的故事。

2. 故事背景不要脱离客户的生活范围

时间、地点、人物都是细节描述的关键要素，时间说得越详细越能够增加故事的可信度，对于地点的交代也不该一笔带过，熟悉的人名、地名才更能打动客户。

例如，在一个新日电动车专卖店，导购员小李遇到一个客户问："电视上广告比较多的都是新日、爱玛、雅迪，它们之间有啥区别？"小李冲他嘿嘿一笑说："哥，你这么一问就知道你关注过电动车，看来你比较专业。咱新日这个牌子，什么中国驰名商标、中国免检产品、奥运会世博会指定电动车啦什么的，我都不用多讲，我就给你讲这么个事：上个月，前郭村的一个大爷来买车，前郭村你知道吧？对对，就是挨着马庙的。他不懂车，来了就问你们这个牌子咋样，我给他说：'大爷，牌子好不好不是自己说的，是顾客自己检验的，骑的人多的不用说就是好牌子。大爷，你搬个凳子坐路边数数，过去的电动车有多少是新日的。'大爷就搬个凳子坐在那个树下面抽烟（小李一边说边用手指店门口的一棵树），大爷一数，果然新日最多，一根烟的工夫，过去了8辆车，二话没说，回来就推走了一辆。"

前郭村、马庙，甚至专卖店门口那棵树，都是销售员为客户"量身打造"的背景。其目的就是为了与客户产生共振。共振就要频率一致，如果你在乡下卖产品讲城里的故事，在国内卖产品讲国外的故事，这个共振是无法建立的。

当然，如果你不想冒被客户揭穿的风险，你还可以选择让你的客户知道你的这个故事是虚构的。开头使用类似于"我们假设……""想象一下……"等语言就能让你轻松达到目的。或者，你还可以更加直接一些："这个故事完全是我虚构的，但请容我把它讲完，我认为它有助于你理解……"

吸引客户的三大"故事配方"

我们给客户讲故事,无非就是希望达到与客户沟通的目的。因此,只要能够激起客户了解的兴趣,更能在不知不觉中让客户产生信赖而潜移默化地被说服的故事,我们都可拿来一用。

1. 爱情故事

爱情是一个永恒的话题,几乎没有人能够抵抗它的吸引力。通过爱情故事来打动客户往往可以取得非常好的效果。例如著名的家纺品牌"情定法拉",正是靠一个感人的爱情故事火遍了大江南北。每次采访其董事长蒋建华,他都会不由自主地讲述这个故事:

1645年,当时荷兰声名显赫的纺织业商人瓦尔斯带着唯一的女儿法拉(Fala)远涉重洋来到中国台湾,想在台湾开设纺织工厂。历经数月航行,法拉患上了疟疾,瓦尔斯将已停止呼吸的女儿放进竹筏,顺水漂流,后被渔民陈裕源救起。瓦尔斯得知女儿获救,非常高兴,为了感谢陈裕源,将他带入纺织行业并委以重任。陈裕源和法拉日久生情,但瓦尔斯却极力反对,并把女儿带回了荷兰。心灰意冷的陈裕源辗转奔赴南洋,创办"情定法拉"家纺品牌来纪念法拉。20世纪中期,他的后人将工厂迁回台湾时发现了陈裕源写给法拉却没有寄出的信笺。随后,他们到荷兰去寻找法拉的后人,但无下落。后来,他们收到从荷兰寄来的一本古旧的羊皮日记和一双黄色的定情木鞋。

蒋建华说，正是这个浪漫动人的传奇爱情故事，深深打动了他。1995年，他不惜重金买断了"情定法拉"品牌使用权，并让"情定法拉"家纺随着这个爱情故事享誉了大江南北。

2. 猎奇故事

这其实利用的也是客户的好奇心。让一个痛恨足球或对足球一无所知的人半夜爬起来看球赛是不可能的，客户的购买心理也是如此——他们需要一个诱因。而猎奇故事正是这个诱因之一。销售人员要想使自己的产品引起客户的兴趣，就要设法使客户对其产生好奇。例如，天津的"狗不理"包子，"狗不理"是什么意思呢？你一定对此有过好奇。一段故事就此展开：

那是一百多年前的清朝同治年间，一个十四岁的叫高贵有的孩子从武清县杨村老家来到天津，当了刘家蒸食铺的小伙计。这家铺子专卖什锦蒸食和肉包，因为他幼年性格很强，父母给他起了个"狗不理"的小名。他人小心灵，做出来的包子好吃，卖得很快，受到人们的称赞。他十六七岁时，利用所积攒的钱，在附近开起了包子铺，人家喊惯了他的小名"狗不理"，久而久之，就把他经营的包子叫"狗不理"包子了。虽然当他二十多岁时，因羞于再用小名做铺名，曾改为"德聚号"，可是人们仍然喜欢叫他"狗不理"。听说当时慈禧太后吃了袁世凯送的"狗不理"包子，也派专人到天津去买呢。

"到天津不尝一尝'狗不理'包子，等于没有来过天津。"这条天津谚语，正是最好的证明。

3. 品质故事

其实，说得再天花乱坠，如果商品质量、售后服务等不行，客户还是很难买账的。毕竟，求实心理，才是消费者消费时的第一心理动机。因此，要想打动客户，尤其是那些比较务实的消费者，品质故事是最好的选择。比如，海尔砸冰箱的故事，对一个起步的企业来说可是一步好棋。当时，海尔冰箱厂因经营不善亏损数百万，新厂长张瑞敏临危受命，拉开了革故鼎新的序幕。正当艰难的改革开始时，发生了一件颇有争议的事情。由于生产过程的问题，几十台有瑕疵的冰箱从生产线上下来。这样的产品当然不能投往市场，于是有人建议作为公关品送人，有人建议当作职工福利分发下去。张瑞敏此时却做出了一个惊人的举动：让工人挥起锤子把有质量瑕疵的冰箱统统砸毁。要知道，那时候别说"毁"东西，企业就连开工资都十分困难！况且，在那个物资还紧缺的年代，别说正品，就是次品也要凭票购买！但从结果来看，这无疑是明智的。砸冰箱的故事，喻示着质量是第一位的，也喻示对用户"真诚到永远"，这正是海尔这么多年屹立不倒的秘密。

其实，每个故事都会有一个主题，除了这些，还有很多主题，如励志故事、理想故事、创业故事、幽默故事等，我们无法在此一一列举。但只要能够吸引客户驻足，并让他们以付出金钱为"代价"的故事，都是好故事。

第三章

客户爱听的，才是好故事

不是所有的故事都可以拿来辅助销售。在故事模式销售中，一个好故事的标准就是——客户爱听的，才是好故事。这条销售原则屡试不爽。

吊胃口的故事，谁不爱听呢

许多销售员都认同，销售中最难的，不是让客户买自己的东西，而是让客户坐下来听自己说话。因此，如何引起客户的注意和兴趣，才是销售员首先要解决的问题。一开始就做冗长的产品或服务的一般介绍，肯定是行不通的。我们必须要在这么做之前，先想办法激起他们的兴趣，从而创造新的发现客户需求和提供价值的机会。

一个最直接有效的方法就是激发起客户的好奇心。前面我们已经说过，好奇心是所有人类行为动机中最有力的一种。其实，利用好奇心吸引人的做法在文学作品中很常见。比如，在连载小说或者每天定时更新的电视连续剧中，我们都曾受到过"未完待续"的诱惑。但正是这种诱惑，吸引我们一直看下去。同样，在销售当中，如果你学会了讲一个有悬念的故事，也可以使客户轻松地被"牵引"，这样，我们也就有机会发展与客户的关系，给客户创造需求，进而获得与客户交易的机会。

具体来说，我们可以采用下面几种开场白，来拉开故事的序幕：

1. 提问

人们有一种思维习惯，就是会对问题不自觉地关注。比如，日清公司曾经举行过一个"开杯乐的叉子像什么？"的主题促销。一只吃面的叉子会像什么呢？这立刻引起了人们的好奇心，于是许多顾客为了获得一只叉子，去超市购买开杯乐方便面，通过仔细观察将答案反馈给了日清公司，日清公司则根据活动规则赠予他们不同的奖品。这样一来不仅提高了开杯乐的销量，也给顾客带来了新鲜感，从而迅速提高了开杯乐品牌的知名度。而这种局面的形成，我们完全可以将它归功于可以引发人们好奇心的促销主题。这种提问方式，很难不引起客户的好奇。不过，无论是提出什么问题来引起客户的好奇心，都应该与推销活动有关，否则无法进入正题。

2. 隐藏

如果你所拜访的客户已经掌握了他们想要了解的所有信息，他们还有什么理由非得见你不可呢？因此，销售人员面对客户的时候，也可以用这种方法，即不要把产品的所有信息都透露给客户。当部分信息在客户面前晃来晃去的时候，他们就有想要获得更多信息的欲望。如果客户开口询问，销售员就达到了目的。

在一次贸易洽谈会上，一名潜在客户正在观看某公司的产品说明书，卖方不失时机地问："先生，您有什么需要吗？"对方回答说："没什么需要，这里没什么可买的。"卖方说："没错，其他人也都是这么说的。"正在那名潜在客户为此得意时,卖方微笑着说:"但是,最终他们都改变了看法。"那名潜在客户好奇地问:"哦?为什么呢?"就这样,卖方开始进入了正式的"卖故事"阶段,并最终把公司的产品卖了出去。

在这里,卖方不是直接向还没有购买欲望的客户介绍公司产品的情况,而是绕了一个弯子,设置了一个悬念,对潜在客户说:"其他人也都是这么说的,但是,最终他们都改变了看法。"从而引发了潜在客户的好奇心。而一旦客户的注意力集中到你的身上,你就可以逐步引导销售程序展开了。

3. 出奇

对于新奇的东西,人们都想一睹为快。销售员拿出新奇的东西往往就可以激发客户的好奇心。

20世纪60年代,美国有一位很有名的销售员,名字叫乔·格兰德尔,他还有一个有趣的绰号,叫"花招先生"。这是因为他每次拜访客户时,都会使用一些诸如蛋形计时器、闹钟、20元面额的钞票等道具。例如,当他把一个3分钟的蛋形计时器放到桌子上后,会对客户说:"请您给我3分钟时间,3分钟到了,最后一粒沙子会穿过玻璃瓶,假如那时您不希望我继续讲下去,我就离开。"

不过,利用客户的好奇心进行销售,有时候也会被认为是在耍花招，所以销售人员设置的"悬念"不应该太脱离实际，而且之后的故事最好也要和客户的自身利益相关，因为如果你只让客户觉得你一个人受益而他丝毫无利可图时，他就会觉得受到了你的欺骗。没有人喜欢被玩弄的感觉，所以，利用好奇心销售要把握火候，不宜太过火。

藏着赞美的故事，多多益善

喜欢被人称赞是人类的天性。在婴儿时期，我们每个人都是从父母的点头、微笑、扣手、抚摸等赞美性的动作中获得满足的；长大成人以后，更多的人需要在别人的赞许声中、在社会舆论声中，获得强烈的成就感。可以说，无论什么时候，被赞美、被欣赏、被认同永远是一种亟待满足的人类需求。

既然每个人都喜欢受到别人的赞美，那么对赞美自己的人，自然会抱有好感。因此，如果推销人员能够先去赞美和恭维客户，再提出相关的问题，就会很容易取得对方的好感，随后的推销过程也就会顺利得多。

不过，赞美别人，表面上看起来似乎很简单，但要想做得恰到好处，却并不是想象中的那么容易。好话说多了，会让人误以为那不过是场面话，还可能令人感到恶心，招致反感。只有在适当的时机、用适当的方式表达对客户的赞美，才会让恭维者和被恭维者都能怡然自得。比如，将赞美巧妙地融入故事中，就是一个非常不错的方式。

感光胶卷的发明者乔治·伊斯曼，使电影得以产生的同时，也使自己成为当时最有名望的商人之一。

为了纪念母亲，伊斯曼盖了一所著名的戏院——基尔伯恩剧场,同时,他还建过一所以自己名字命名的伊斯曼音乐学校。当时,纽约高级座椅公司的总裁鲁姆斯·亚当森想得到这两幢大楼的座椅订货生意。

于是,他给负责大楼工程的建筑师打了电话,约定在曼彻斯特拜见伊斯曼先生。电话中,那位好心的建筑师还向亚当森提出了忠告:"我知道你想争取到这笔生意。但我不妨先告诉你,如果你占用的时间超过了5分钟,那你就一点希望也没有了。他是说到做到的,他很忙,所以你得抓紧时间把事情讲完就走。"

但是,亚当森来到伊斯曼的办公室后,却并没有马上讲到他的座椅生意,而是满脸诚意地说:"伊斯曼先生,在恭候您的时候,我一直很羡慕您的办公室,假如我自己能有这样一间办公室,那么即使工作辛苦一点我也不会在乎的。您知道,我从事的业务是房子内部的木建工作,我一生还没有见过比您这里更漂亮的办公室呢。"

当时,伊斯曼正伏案在一堆文件之中,这句话让他抬起了头:"您的话使我记起了一样差点儿遗忘的东西,这间办公室很漂亮,是吧?当初刚建好的时候我对它也是极为欣赏。可如今,我每来这儿时总是盘算着许多别的事情,有时甚至一连几个星期都顾不上好好地看这房间一眼。"

亚当森走过去,边用手来回抚摸着一块镶板(那神情就如同抚摸一件心爱之物)边说道:"这是用英国的栎木做的,对吗?英国栎木的组织和意大利栎木的组织就是有点儿不一样。"伊斯曼道:"不错,这是从英国进口的栎木,是一位专门同细木工打交道的朋友为我挑选的。"接下来,伊斯曼带亚当森参观了那间屋子的每一个角落,他把自己参与设计与监造的部分一一指给亚当森看。

其间，在谈到早年创业时的奋斗历程时，他还打开一只带锁的箱子，从里面拉出他的第一卷胶片给亚当森看。讲自己孩提时家中一贫如洗的惨状，讲母亲的辛劳，讲那时自己想挣大钱的愿望，讲怎样没日没夜地在办公室搞实验，等等。两个多小时，两个人还一起吃了午饭。毫无悬念，最后亚当森轻而易举地得到了那两幢建筑的座椅生意。

正如著名成功学家林道安所说："一个人不会说话，那是因为他不知道对方需要听什么样的话；假如你能像一个侦察兵一样看透对方的心理活动，你就知道说话的力量有多么巨大了！"

如果销售员可以在讲故事时，巧妙地加入对客户的赞美，那么你们的沟通就成为维护双方关系的"润滑剂"，进而有助于销售朝着预期的目标顺利进行。

除了上面那种直接出自自己之口的赞美，我们还可以借他人之口。

一位销售员去拜访一位自我感觉非常良好的老总。在此之前，他从同事那里听说，这位老总对自己的个人形象非常看重，觉得自己能力很强，也很优秀，便经常摆出一副冷冰冰的面孔，让人感觉很难接近。

见面之后，这位销售员，将他从同事那儿听来的故事，换了一个说法："×总，您好，久闻大名啊！我同事刘刚，就是之前与您有过接触的那个设计师，经常在我们办公室夸您。昨天我们聊天，他还说起来，对您印象特别深刻，说您是个非常爽快的人，办事也特别有能力，还很关照我们这些办事人员。这次能够和您合作,实在是倍感荣幸。"听完这番话,那位老总脸上马上露出了笑容,并愉快地接待了这位销售员。

　　试想,有哪个人会让夸奖自己的人难堪呢?那些藏着赞美的故事,就让我们多讲一些吧。只要销售员能找到客户身上值得赞美的地方,并真诚而巧妙地表达出来的话,就会立即拉近和客户之间的距离,让他们接受你,有时甚至还能够挽回那些行将失去的客户呢!

幽默故事，是最好的销售工具

在销售中，交易本身容易让消费者对销售员充满戒备与敌意。如果销售人员可以让客户愉悦，一定程度上可以消除客户的敌对和紧张情绪，甚至会制造出一种一见如故的轻松愉快的交谈气氛，大大有利于后续的交流和推销活动。

那么，什么样的故事能让客户愉悦呢？毫无疑问，那就是幽默的故事。

在一次商品展销会上，一位推销员向路过的人们卖力地推销着自己手里的商品："我们的杯子使用了上好的材料，是经过十几种工艺加工而成的。你们可以拿在手中感受一下它的质地，就能知道我们这不是一般的杯子了！"不过，这样介绍一番之后，人们依然都在走马观花地观看着商品，他摊位前的观者仍然寥寥无几。

于是，他决定换一种方式来达到自己的目的。他高高举起另一个杯子（这本来是他准备做商品对比时的道具）："我们这种杯子是用特殊材料制成的，即使掉在地上都不会摔坏！"说完这句话之后，这位推销员就开始为客户做示范，将杯子猛地往地上一摔。结果，杯子被摔得粉碎。

大家都围过来哈哈大笑。推销员此时故意停顿了一会儿，然后说："你们看，这样的杯子我就不会卖给你们了！"结果大家都被他的幽默魅力感染了。他的举动不但没有吓跑客户，反而为自己赢得了更多机会。

事实上，还有诸多成功的销售案例，也都能充分证明：只要你能创造出与客户一起笑的场面，就突破了客户排斥你的难关，并拉近了彼此的距离，在此基础上就极有可能把潜在消费者变成客户。

而且，幽默的故事不仅能调节紧张沉闷的气氛，消除彼此的陌生感，它还有一个很重要的作用——打消客户的不满情绪。

例如，下面这个例子：

一家高档酒店里，一位顾客在请客吃饭。当服务员端上一盘龙虾的时候，顾客发现其中的一只龙虾少了一个虾螯。这让他觉得在客人面前很丢面子，就生气地质问服务员。

这位服务员意识到可能是厨师在做这道菜的时候不小心将虾螯弄掉了。为了平息客人心头的怒气，他机灵地说："先生，您知道，龙虾是非常好斗的。这只虾肯定是在争斗的过程中被对方误伤了。"这位顾客一听服务员的话，不禁笑了起来，怒气瞬间消失了。

服务员紧接着又说："如果您不喜欢这只'战败'的，我马上撤掉，为您换那一只'获胜'的。"最后，客人不但没有深究，场面反而相当活跃，客人们也很高兴。

可见，一个恰当的幽默故事，在销售的任何环节都可以发挥重要的作用。因此，销售员不妨试试培养自己的幽默感，让自己的故事库中多多加入幽默的故事,这对销售工作有百利而无一害。

当然,幽默感的培养并不是一件容易的事。因为幽默,不只是表层上的语言,而是一种灵活的思维、平和的心态、豁达的胸襟。要想拥有幽默,不能只靠技巧、练习,还要靠对于人生的认真思考,对于世界的放眼瞭望,对于生活的深刻理解。

我们可以试着从以下几个方面做些努力:

1. 培养乐观的信念

"幽默属于乐观者。"一个心地狭窄、思想颓废的人不会是幽默的人,也不会有幽默感的。有乐观的信念,才能对一些不尽如人意的事泰然处之。因此,要做一个有幽默感的人,先要做一个乐观的人。善于发现生活中的美,善于发现快乐。不管面对什么样的境地,都要持有一颗积极进取之心。持有乐观向上的态度,幽默感也就自然而然地流露了。

2. 丰富自己的知识

幽默是一种智慧的表现,它必须建立在丰富知识的基础上。如果一个人对古今中外、天南地北的历史典故、风土人情等各种事情都有所了解和掌握,再加上有较强的驾驭语言的能力,说话就会生动、活泼和谐趣。这也就是为什么古今中外著名的幽默大师,往往又都是语言大师的原因了。因此,要做一个有幽默感的人,必须广泛涉猎,充实自我,不断从浩如烟海的书籍中收集幽默的浪花,从名人趣事的精华中撷取幽默的宝石。另外,幽默也不能过于深奥,应通俗易懂,否则使人像猜谜一样,百思不得其解,也达不到欢娱的效果。

3. 保有善良的心地

幽默的出发点一定要是善意的。它或许带有温和的嘲讽,却不应刺伤人。切莫庸俗、轻浮，更不能混同无聊的调笑。要做一个有幽默感的人，一定要注意不把自己的快乐建立在别人的痛苦之上。揭人隐私、讥人之短的行为是为人所不齿的，要杜绝自己有这样的行为。幽默的人，能融于生活，乐此不疲，也能跳到生活之外，站在高处，放眼人生，以智者的眼光看待一切，这才叫豁达，这才有了幽默。

4. 拥有自嘲的勇气

真正幽默的人，其实是自信的人，不怕受人嘲笑，而且非常善于自嘲，这种自嘲实际上是建立在自信的基础之上。很难想象，一个自惭形秽或者心胸狭小的人，也能自骂自嘲。敢于自嘲，就敢于正视自身的缺陷、不足和失败，就敢于正视不利的环境和条件。自嘲者表面自嘲，实际上在自嘲的背后有一种力量。

另外，我们还应该注意在生活中培养深刻的洞察力，提高观察事物的能力，培养机智、敏捷的能力，这些是提高幽默的一个重要方面。只有迅速地捕捉事物的本质，使用恰当的比喻、诙谐的语言，才能使人们产生轻松的感觉，才能为人们带去欢乐。

"希望和梦想"是最大的卖点

不知道你有没有注意过彩票站,那里一向是比较热闹的。即使是在经济不景气的时期,彩票依然是少数几种实现稳定销售的产品之一。

是什么让人们无法停止买彩票呢?

毫无疑问,是希望和梦想——希望中奖的那个是自己,实现一夜暴富的美梦。正如一家彩票公司的口号说的那样:"嘿,你永远不知道下一个中奖的会是谁。"

即使这个概率非常小,国外曾有一位教授算过一笔账:赢得5.9亿美元头奖的概率是1.75亿分之一。"人们无法理解1.75亿分之一这样的概率,"他说,"这超出了我们的经验,在人类的进化历程中,并没有什么机会让我们拥有这样的智力,去理解如此渺茫的概率。"然而,理性和逻辑是无用的,彩票贩卖的就是希望和梦想。

我们是不是可以得到这样的启示:一个充满"希望和梦想"的故事,可以成为营销中最大的卖点。

一对农村来的小夫妻,打算在城区开一家小吃店。

开张这天,小两口把店面装修得体体面面,雪白喷香的包子馒头摆得像一座小山,开门仪式也搞得像模像样。可是,顾客却一个都没有。人都说做生意讲究个开业大吉，以后才能生意兴隆，可自己家开业第一天就没人，以后可怎么办？小两口又急又愁。

就在他们坐立难安时，远远走来了一个小伙子。小两口不约而同地起身相迎："你是我们的第一个顾客，为了图个吉利，我们对你免费供应，你就敞开肚皮使劲吃吧。"小伙子也没说什么，坐下就吃。

吃饱喝足之后，他起身付钱，小两口死活不肯收。小伙子没办法，只好收起钱。"老板和老板娘如此热情，我也就不客气了。不过常言道：无功不受禄，你们看，我能帮你们做点什么呢？"

小两口只当小伙子是在客气，便顺嘴说道："今天是我们第一天开张，可你是我们独一无二的顾客。要是你能帮我们宣传宣传，我们就感激不尽了。"

小伙子听完后说："这好办，我给你们写个广告贴上就行了。"小两口有些失望，本想着他能介绍一两个顾客也是好的，没想到只是写广告。不过他要写，那就写吧，毕竟也是一片好心。

小两口没指望这广告能有什么用，就先去做其他事了。小伙子也不介意，写好广告，自己将广告贴在店门旁边就走了。让小两口没想到的是，小伙子走后，顾客就一个接一个地来了。不到两个小时，包子、馒头就卖得一干二净了。

小两口闲下来，才想起了小伙子的广告，他们很好奇上面写了什么。等他俩一字一句读完，不禁同时笑了起来。原来，上面写道：

各位顾客：小店今日开张，昨夜由于紧张忙乱，老板娘不慎将一枚24K金戒指揉进了面粉中，找了好久都没有找到。因此，敬请各位顾客食用本店包子馒头时务必小心。如果吃进肚子造成事故，本店负责承担一切费用；如果哪位顾客发现了戒指，那么此枚戒指权当礼物相送，不必归还。特此告示。

不奇怪，人的本性就是如此。所有具有不确定性的利益和好处，都会引起人们的痴迷，从而形成一种持续而稳定的追求。

销售员只要能够使自己的思维方式更加灵活，为客户画一张"美好蓝图"，就会使客户在想象之下做出对自己有利的决定。

比如，如果你是一位空调销售员，你可以先"诱导"客户进入到一间没有冷气的房间："想象一下，您工作劳累了一天，又在烈日炎炎下回到了家，迎接您的是一个更加闷热的蒸笼；推开窗，没有一丝凉风；打开风扇，迎面而来的是一股股热浪。"接着，再为客户勾画出产品可预见的舒服情景："这种时候，您想过没有，假如您一进家门，迎面吹来的是阵阵凉爽的风，生活该是多么惬意啊！我们为什么不享受生活呢？"这样说，是不是比说什么"这么热的天，如果没有空调，实在让人受不了"之类俗套的话，更能打动客户呢？

有人说："如果你想钓到鱼，你得像鱼那样思考，而不是像渔夫那样思考。"这其实也是我们想向所有销售人员所传递的一个理念——不要仅仅把自己当作一个营销者，还要把自己当作一个消费者。事实上，销售员说服客户的过程，其实就是与客户进行心理博弈的过程。只有站在客户的角度思考问题，了解了客户的需求心理，你才能在这场心理战争中获胜。

从真贵到真值,一个故事就好

有时候我们会发现,某件商品中虽然有客户想要的利益,可是他们却并不一定会去购买。这是为什么呢?

原因就在于客户普遍存在一种这样的心态——希望自己花的钱能够物超所值。因此,他们在决定购买并把商品放上真正的天平之前,是要先在心中这个无形的天平上进行衡量的,天平的两端分别是购买成本与商品价值。当天平上购买成本一侧加重时,则很难达成交易;而天平倾向于商品价值时,交易则可以顺利达成。因此,只有商品价值与购买成本在客户心中达到一种平衡或拥有更高的商品价值认定,客户才可能会购买。

从这个角度来说,销售人员如果可以顺应客户的这一心理,让客户看到回报率,看到希望,商品就会很容易销售出去。

但是,如果你真的在天平上商品价值一侧加筹码,实实在在减少客户的各项购买成本时,商业常识告诉我们,这会提高企业的经营成本,并不可行。那么,有没有一种方法,在不提高经营成本或尽可能少提高经营成本的同时,提升商品价值并降低客户的购买成本呢?

一个最好的手段就是增加客户对商品的心理价值筹码,把客户脑海里的"真贵呀"转换成"真值得"。事实上,一件商品的价值不完全是由其物理属性决定的,更多的是由客户的心理因素决定的，不管这个商品实际价值是多少，关键要看客户心中对这个商品的价值认知是多少。

比如，客户向销售人员抱怨电器太贵。大多数销售员给出了这样的回答："许多人都这样认为，但是，之所以那么贵是因为它的材质、质量、使用年限以及售后服务都非常优越。先生真有眼光，您可以先试试，绝对不会让您失望。"我们不能说它不对，但绝称不上好。客户"再转转"的居多。

只有一位销售员，他总是比别人卖出更多。究其原因，我们或许可以从他的回答上找到答案："的确有点贵，很多前来选购的客户都这样认为，连我自己也承认这一点，但是那些客户在使用前和使用后却是不一样的反应：当他们使用以后，就不这样说了。他们发现，这种电器质量非常好，每年会省下一大笔的维修费，更重要的是，它的噪声很小，不会影响人的工作和情绪，更不会打扰到周遭的居民，我相信您一定会用得非常满意。"

显然，这个答复好得多，首先肯定客户的异议，这样就能安抚客户的情绪，在此基础上，销售员再把产品的优势用一个故事顺势推出，就能让客户在一种很舒服的状态下，接受销售员的意见。

我们再看一个例子。

一对老年夫妇第三次光顾一家小轿车零售店。显然，他俩想买一辆轿车，但却总是犹豫不决，其间，有好几个推销员都曾试图说服他们立即采取行动，但都未能成功。

这一次，他们的销售经理决定亲自上阵。简短的寒暄之后，对话这样开始了：

销售经理："你们要买的车的价钱是9600美元。"

老年妇人（皱眉）："价格太贵了。"

销售经理："夫人，价格太贵吗？"

老年妇人："是啊！价格太贵啦！"

销售经理："夫人，我可以问一下吗？您是在说价格问题，还是在说经费问题？"

老年妇人（吃惊）："你说这话是什么意思？"

销售经理："夫人，我想就这个问题说清楚，可以吗？"

老年妇人："没关系，请说吧。"

销售经理："这是几个月以前的事情，我准备在我家门口的道路上铺设大量的沥青。为了保证我花的钱是值得的，我进行了一些调查。我相信谁都会这样做。关于这个问题，您没有不同意见吧？"

老年妇人（点点头）："没有。"

销售经理："我对于沥青、沥青的铺设及施工等问题，是不太了解的。但是，我知道作为道路的基础，需要铺设十几百米厚的石子，这当然要影响施工的价格。不过，我也和其他人一样，按照最有利的价格签订了合同。结果，在不足两个月的时间里，路面就出现了裂痕和隆起，不足一年沥青就全部脱落，为了修理，我又支付了6000美元。

"夫人，价格是暂时的问题，而经费则是长远的问题，只要您选中的商品为您所拥有，就有个经费问题。您是否认为与其买那种质量次的东西而不得不多次付出修理费，倒不如按合理的价格买件质量好的东西而一次付款好。"

老年夫妇俩（你看看我，我看看你）："就这样办吧！"

其实，不管是举正面的例子，还是反面的例子，我们都是为了让客户产生物有所值、物超所值的感觉，这样，这笔生意就十拿九稳了。

事实上，如果仅仅是把产品卖给客户，这是大多数销售人员都可以做到的。更重要的应该是，我们要在客户心里创造出一种超出产品价值本身之外的价值，这个附加价值，才是优秀销售员存在的价值所在。

故事中的小惊喜，让销售生趣

"Life was like a box of chocolate. You never know what you're gonna get."这是《阿甘正传》中妈妈对阿甘说的话。意思是：生活就像一盒巧克力，你永远不知道下一块会是什么味道。而不确定的东西，往往才最有魅力，我们也可以称之为惊喜。

生活需要惊喜，而你的客户也需要惊喜。例如我们都喜欢的推理小说，结局越意外，我们越觉得有趣。如果销售员可以在讲故事的过程中增加出乎意料的情节，不仅可以让沟通变得愉悦，结局也一定是皆大欢喜。

在《销售就是卖故事》这本书中，作者保罗·史密斯在书的一开始便讲述了他因一个惊喜的故事而买下一幅画的故事：

他和妻子丽萨去参加一个艺术评审博览会，丽萨相中了一张像是小猪在海洋中游泳的照片。然后艺术家向他们讲述了这样一个故事：他之所以会拍到这样的照片，是因为几年前有人把猪带到岛上饲养，可岛上却没有猪能吃的食物。饥肠辘辘的猪最终学会了游泳，因为它们发现岛上餐馆的老板，总是把厨房垃圾倾倒在离海岸几十米远的地方。于是，这些猪学会了游泳并生存下来，而它们的子孙后代也跟着适应了小岛的生活。而那座小岛，也开始以猪岛闻名。

正是这个猪岛的故事，让作者当即决定用高价把作品买了下来。

当然，除了用一个令人惊喜的故事吸引客户，我们也可以在讲故事的过程中给客户制造实实在在的惊喜。

在营销界有一个经典的例子：

一位中年妇女走进销售人员乔·吉拉德的展销室，说她想在那儿坐坐，打发一会儿时间。闲谈中，她告诉吉拉德她想买一辆白色的福特轿车，就像她表姐开的那辆，但对面福特车的推销员让她过一个小时再去，所以她就先到这儿来看看。她还说这是她送给自己的生日礼物："今天是我55岁的生日。"

"生日快乐！夫人。"吉拉德献上真挚的祝福。随后他出去交代了一下，然后回来对她说："夫人，您喜欢白色的车，既然您现在有时间，我给您介绍一下我们的双门式轿车，也是白色的。"正谈着，吉拉德的秘书走了进来，递给吉拉德一束玫瑰。吉拉德把这束花送给了那位中年妇女："祝您长寿，尊敬的夫人。"

这位中年妇女被吉拉德这一举动感动了，眼眶都湿了。"已经很久没有人送我礼物了。"她说，"刚才那位福特车的推销员一定是看我开了部旧车，以为我买不起新车。我刚要看车，他却说让我等他先去收一笔款。其实我只是想买一辆白色车而已，只不过表姐的车是福特，我才想买福特的。现在想想，不买福特也可以。"

最后她在吉拉德那里买走了一辆雪佛兰，并写了一张全额支票。

一束玫瑰是吉拉德给客户的惊喜，一张全额支票是客户给吉拉德的惊喜。有时候，事情就是这样不可思议地发生了。

所以，请开动脑筋，想出一些技巧来为你的故事、为你的客户增加惊喜，那么你会发现，有时，它们也会成为你自己的惊喜。

以情动人,是最高级的营销手段

我们常说,人心都是肉长的。每个人都有同情心、同理心,它是人类天性中的一部分,是人性善良的根基。以情动人,凡事皆可办成,销售也不例外。

当然,这可不是说,你要摆出一副可怜兮兮的样子,甚至流下几滴眼泪"卖惨",乞求客户买下你的产品。而是说,你应该找到并触动客户的心灵薄弱点,使他们首先从感情上与你靠近,产生共鸣,这会为你的销售打下坚实的基础。

当林肯还是一名律师时,他深谙其道。一次,他在事务所工作的时候,碰到了这样一个案子。一位老妇人哭诉了她的不幸遭遇:她是位孤寡老人,丈夫在独立战争中为国捐躯,她靠抚恤金维持生活。前不久,抚恤金出纳员勒索她,要她交一笔手续费才可领取抚恤金,而这笔手续费是抚恤金的一半。林肯听后十分气愤,决定免费为老妇人诉讼。

但由于当时出纳员是口头勒索的,没有留下任何凭据,因而,在法庭上,他反而指责原告老妇人无中生有。

在形势极为不利的情况下,林肯依然在法庭上表现得十分沉着、坚定,他眼含着泪花,回顾了英帝国主义对殖民地人民的压迫,爱国志士如何奋起反抗,如何忍饥挨饿地在冰雪中战斗,为了美国的独立而抛头颅、洒热血的历史。最后，他说："现在，一切都成为过去。1776年的英雄，早已长眠地下，可是他那衰老而又可怜的夫人，就在我们面前，要求申诉。这位老妇人从前也是位美丽的少女，曾与丈夫有过幸福的生活。不过，现在她已失去了一切，变得贫困无依。然而，享受着烈士们争取来的自由幸福的某些人，还要勒索她那一点微不足道的抚恤金，有良心吗？她无依无靠，不得不向我们请求保护时，试问，我们能熟视无睹吗？"

听完林肯的这番话，法庭里充满了哭泣声，就连法官的眼圈都发红了，被告的良心也被唤醒了，他再也不矢口否认了。法庭最后通过了保护烈士遗孀不受勒索的判决。

我们都知道，没有证据的官司是很难打赢的，但林肯却成功了。而这都应该归功于他用一个凄惨的故事感染了听众及被告的心理，激发了人们本性中善良的一面。

做律师是这样，做销售又何尝不是一个需要打动人心的工作？消费者渴望感情在消费中能够有所寄托，通过消费使情感得到诠释，也使消费不单成为物质需求得到满足的过程，还成为充满情感体验的活动过程。从这个意义上来说，销售已经不再是一种单纯的商品交易，它需要你"出卖"感情。

美国著名的大企业家利普顿，是靠经营食品店起家的。当时，他请了著名的漫画家罗宾哈特，每周为食品店画漫画供顾客观看。可这些无意义的漫画，并没有吸引人们驻足，来往的行人好像都没有发现他精心准备的漫画，就像没有看到他的店一样。

糟糕的生意让利普顿焦急万分。罗宾哈特得知这一情况后决定给他画一幅特殊的漫画，这幅漫画讲述了这样一个故事：

一个苏格兰人，一边背着一个大哭不止的小猪，一边对周围的人说："这只小猪现在已经成了一个孤儿了，因为他的亲人不久前被送到利普顿的食品店加工成火腿了。"这幅新的漫画被贴出来之后立刻吸引了许多人驻足观看，并且开始有人进利普顿的食品店买火腿等食品了。

敏锐的利普顿立刻抓住了机会，他将这个漫画故事变成了现实：他买来了两只活蹦乱跳的小猪，并把它们装饰一番，放在橱窗里供人们观看，并为它们取名为"利普顿孤儿"。这种奇特的景象吸引了更多的人驻足观看，于是店里的生意也越来越好了。

当漫画只是一幅漫画时，它毫无作用；当漫画变成了一个富有强烈感情色彩的故事时，利普顿的食品也就拥有了一种感情色彩，它诱发了人们内心的情感，这样，展现在顾客面前的就不仅是钱与物的交换，它更是交流感情、诠释内心、互相关怀的媒介，销售得以成功。

正所谓"克敌制胜，攻心为上"，销售员在给客户讲故事时，也要学会从客户的情感需要出发，唤起他们的情感需求，引导他们在心灵上产生共鸣，寓情感于营销之中，才能让有情的营销赢得无情的竞争。

不同的客户需要不同的故事

一天深夜,英国的维多利亚女王办完公事,回到卧室,只见房门紧闭,只好咚咚咚地敲起来。她的丈夫阿尔伯特问:"谁?"女王回答:"我是女王。"房门没有打开。女王耐着性子再敲。阿尔伯特又问:"谁?"女王回答:"我是维多利亚。"房门还是没有打开。女王想了想,再次敲门。阿尔伯特再问:"谁?"女王回答:"你的妻子。"门"呀"一声开了,同时张开的,还有阿尔伯特的一双温情的手臂。

维多利亚女王的三次回答告诉了我们这样一个真理:对不同的人应该使用不同的措辞。也就是说,面对不同的客户,我们需要用不同的故事去打动他。

如果是专断型客户,这类客户的特点是独断专行,喜欢以自我为中心,总是希望别人能够认同和欣赏自己,更希望别人能够按照自己的意志去行事。因此,他们更希望听到一些暗含恭维的故事。

一个靠推销装帧图案给纺织公司的销售员,三年来,多次去一家大纺织厂推销,但连一幅设计图案都没有推销出去。对方老板总是看一看草图,双手一摊,说:"很抱歉,先生,我看今天我们还是谈不成。"

这一次，他终于不再盲目行动了，他改变了推销方法。他故意带着未完成的装帧草图，再次去见那位老板："我想请您帮个忙，如果您愿意的话。这里有一些未完成的草图，希望您能指点一下，以便让我们的创作者们根据您的指导来完成它。"这位老板答应看一看。三天后，这个销售员再次去见那位老板，老板中肯地提了意见。而后，根据老板的意见，工作人员修改了图案。结果，这批设计图案全部被这位老板收购了。后来，这个销售员用同样的方法，又轻松地推销了许多图案。

很多销售人员都反映，怕与专断型客户打交道，因为他们很难被说服。但也不是全无办法。像上面这个例子，如果你可以把客户推到高位，也许他们自己就说服了自己，不用你再多说了。

另外，爱慕虚荣型客户也适用，虚荣心得到了满足之后，一切都好办了。

如果是优柔寡断型客户，他们可能更需要一些"刺激"的故事。

一家房地产公司的销售员，手里有两套房子没有卖出去。这两套房子户型都是一样的，只是因为采光的不同价格略有差异，采光好的A套房子售价150万元左右，采光较差的房子售价135万元左右。

一个客户看上了A套房子，但是嫌价格贵，迟迟没有签约。在他犹豫的时候，这套房子被另一位销售人员卖给了另一位买家。为此，客户很不乐意。销售员建议他看一下B套房。客户看过之后，虽然大体还满意，但是觉得自己因为15万元钱没有买到采光很好的房子很不痛快，于是犹豫不决的毛病又犯了，迟迟不肯签单。

销售员看出了他的犹豫，为了让客户早做决定，尽早签单，他在客户离开售楼处一小时后，打通了他的电话："先生，您现在方便接电话吗？是这样的，我现在这边有一位买家很中意您看的B套房，可是我想先听听您的想法，如果您不满意，我就把这套房子卖给这位买家了。"

正如销售员所料，有了前车之鉴的客户生怕再一次被别人抢了先，自己竹篮子打水一场空。所以，他连忙说道："我正想找你呢，这样，我一会儿过去，咱们再聊聊。"当天下午，他签下了B套房。

对于犹豫不决的客户来说，这种带危机感的故事，最能促使其很快下定决心。

如果是理智型客户，由于他们的思维方式比较冷静，那么，就要用更能表现你的专业与专注的故事来打动他们。

有一家化学原料公司，他们生产的主要产品是化学试剂，质量很好。有个浙江农药厂需要一批化学试剂，化学原料公司的一名销售员就去这个厂子推销自家的产品。刚开始推销时，这名销售员就是简单地"游说"，根本没有考虑该客户的特点，结果沟通了好几次，单子也没有签下来，尤其是当他说出该老板的同行买的也是自己公司的产品时，他发现这个客户竟然更加疏远他了，结局自然是败下阵来。

不久后，他的同事接手了这笔业务。这位销售员首先分析了该客户的类型，发现客户是理智型的消费者。于是在拜访前便把自己产品的各项资料准备好，在与该客户沟通时，也把说话的重点放在技术方面的讨论上，把产品的各项技术难题都解释给该客户，不久后，该客户就签订了这笔业务。

对于理智型客户来说，即使你用上他朋友买单的故事，他也会不为所动，他购买产品往往要通过自己多次分析。因此，与理智型客户合作不能过于着急，你对待工作始终尽职尽责、并专注于实际问题的态度，一定会给客户留下一个可靠的印象，那也代表你已经赢得了他的心。

客户的类型还有千千万，我们无法在此一一列举，还需要你在实际的销售工作中慢慢总结经验教训。需要你不断收集客户信息，准确定位客户性格，然后抓住其心理软肋充分加以利用，才能将潜在客户的购买意图转化为现实的购买行为。

学会察言观色，选择合适的故事

在我们阐述这个观点之前，先来看个故事：

两个销售员同时来拜访马经理。由于最近家里发生了很多事情，马经理心里非常烦。烦归烦，工作不能不干，他还是硬着头皮接待了他们。

第一位销售员一看到马经理，就满脸笑容，大声说道："马经理，好久不见了。听说您前几天休假了，玩得很不错吧？昨天我们公司也组织去武夷山玩了一次。"马经理不耐烦地摆摆手："有什么事，说吧。"销售人员马上就拿出一份合同说："马经理，上次您让我今天带合同过来。"一听到合同，马经理就火了："上头还没批呢，你过几天再来吧。"

第二位销售员一进门，看到马经理心事重重，马上把笑容收了起来，说："马经理，怎么回事？什么事情能让你如此发愁？"马经理接口就说："唉，谁没有个烦心事啊。我家里……"一个多小时下来，两个人都只是在相互倒苦水，丝毫没有谈及生意的事情。最后，马经理说："行啦行啦，烦心的事情放一边，我们谈谈正事吧。您上次的方案，我给上头看了，觉得很不错，有几个地方修改一下就可以了……"

现在，你是不是已经得出了结论：同样一个人，同样一件事，你开口的时机不对，结果很可能就完全不同。

所以我们说，销售员不光是会讲故事就可以，还要会察言观色选择合适的故事。

当然，察言观色，这也是一种需要学习的能力。学会从客户的举手投足之间解读其心意；学会从客户的小习惯、小细节识别其才干和为人；还要学会从客户的眼神和话语中判断出隐含的动机。

具体来说，我们可以从以下几方面入手：

一是察言。一般来说，一个人的感情或意见大多会通过说话方式表现出来，其内心深处的思想也会不知不觉地从口头上流露出来。因此，在跟别人交谈时，如果我们能够多加留心，就有机会从谈话中探知对方的内心世界。比如，如果一个人心怀浮躁，他的音调就会突然高扬起来，这时候，你最好长话短说。

二是观色。若要知悉他人的情绪，除了要懂得"察言"，更要学会"观色"。"观色"，即指通过观察别人的脸色来获悉对方的情绪。因为人们内心的情感活动，即使经过语言、行为等的掩饰，也会在表情的变化中不由自主地显露出来。倘若遇到高兴的事情，脸颊的肌肉会松弛，遇到悲哀的状况，自然会泪流满面。可以毫不夸张地说，表情是情绪最好的报幕员。

三是看手势。有时候，客户会在言语上"欺骗"我们，但是，他们的手势却往往会出卖他们。比如，他们在听你讲故事时，不自觉地用手遮住自己的嘴巴。遇到这种情况，你应该停下来并且询问客户，"您有什么问题吗？"或者"我发现您不太赞同我的观点，让我们一起探讨一下吧"。这样就可以让客户提出自己的异议，销售人员也有机会来解释自己的立场并且回答客户的问题。

另外，我们还可以从一个人的服饰看出他的经济水平、文化程度、社会地位、家庭教养、思想品行等。比如，一个女人，她穿的服装款式比较新、面料优质、样式时髦，大多都是收入比较不错的，生活宽裕，经济负担轻，在消费上比较慷慨大方，舍得在与个人生活和事业紧密相关的东西上花钱。这时，你就不要再讲勤俭持家的故事给她听了。

总之，当我们养成了察言观色的习惯，我们对客户的了解就变得更加准确、可靠，沟通起来自然也就得心应手，这才是最高超的销售之道。

界限感,守住故事的下限

心理学中有一个"刺猬法则",它来源于西方的一则寓言,说的是:

在一个寒冷的冬天,两只刺猬被冻得浑身发抖,为了取暖,他们只好紧紧地靠在一起,而相互靠拢后,又因为忍受不了彼此身上的长刺,很快就又各自分开了。可天气实在太冷了,它们又靠在一起取暖。然而,靠在一起时的刺痛使它们不得不再度分开。挨得太近,身上会被刺痛;离得太远,又冻得难受。就这样反反复复地分了又聚,聚了又分,不断地在受冻与受刺之间挣扎。最后,刺猬们终于找到了一个适中的距离,既可以相互取暖,又不至于被彼此刺伤。

这则寓言强调的就是人际交往中的"私人空间"。事实上,我们也都有这样的体会:必须与他人保持一定的空间距离才会感到舒服。如果别人侵入了我们的空间,我们就会感到不自在,对对方产生一定的排斥。

这不仅是指物理空间,其实在心理空间上我们更需要尊重与被尊重。看过《欢乐颂2》的人,应该还记得这样一个片段:出来倒垃圾的樊胜美,碰到了心事重重的安迪。她看出安迪心情不好,想关心又怕触其痛处,于是就轻轻问了一句:"你需要我吗?"就是这样一句很简单的问话,才是设立在合理界限根基上的友情——有诚意,也能留有余地,让朋友在感触到关心和温暖的同时,又不会有任何多余的心理负担。

汉语中有个词叫"交浅言深",就是在提醒我们,当两个人交情还不够深时,就别说太多,问太深。即便有时你觉得与对方一见如故,也不要一上来就失了分寸。尤其是销售员与客户,这二者的身份角色决定了他们不大可能成为真正的挚友,因此,你绝对不能不分时候、不分场合、不分对象地秀自己的"下限",这必然是不受欢迎的。

关于这一点,我们分别从物理空间和心理空间两方面来说。

从物理空间角度上来说,销售员应与客户保持1米以上的距离。否则就会出现下面的情况:

副经理刚送走某公司的销售员,笑容立刻消失了,转身对总经理摇摇头。副经理:"这家公司不行,规模一定不大,一看就没有大公司的样子。"总经理:"何以见得?"副经理:"刚才那名销售员一直把身体贴得很近地跟我说话,我都看见他的头皮屑了。套近乎也不是这么个套法吧。"总经理:"嗯,有道理。"

就算你不介意自己的头皮屑被看到,别人还介意你身上的"跳蚤"跳过去呢!可见,销售人员一定要把握好与客户的距离,给客户充裕的物理空间。

一般来说,无论坐在你对面的客户是同性还是异性,你都需要与之保持身体上的一段"安全距离",与不熟悉的客户保持1米以上的距离,是比较合适的。如果是在客户的办公区域内拜访,客户的办公桌范围就是安全距离界限。不要四处张望,不要随意走动，更不要偷窥客户的电脑屏幕与文件夹，当然，也不要冒失地拿起桌上的小摆设，这些都是不礼貌的行为。

从心理空间角度上来说，销售员应避免给客户讲过火的故事、谈论过于私密的话题。

有一天，几个同事在办公室聊天。其中有一位女同事提起她昨天配了一副眼镜，于是拿出来让大家看看她戴眼镜好看不好看。大家不愿扫她的兴都说很不错。

这时，一个男同事因此事想起一个笑话，便立刻说了出来：有一位小姐走进皮鞋店，试穿了好几双鞋子。当鞋店老板蹲下来替她量脚的尺寸时，这位小姐是个近视眼，看到店老板光秃的头，以为是她自己的膝盖露出来了，连忙用裙子将它盖住。她马上听到了一声闷叫。"混蛋！"店老板叫道，"保险丝又断了！"

办公室里立刻响起一片哄笑声，只有女同事没有笑。事后，同事们再也没有见过这个女同事戴眼镜，而且她碰到那个男同事再也不打招呼了。

其中的原因不说自明。与同事这样尚且遭到冷遇，更何况是客户？怕是被骂一顿都是轻的。事实上，即使有时候，此类话题是客户发起的，你同样也要注意不能随意议论别人的"软肋"，因为你们毕竟不是发小知己，只是工作关系，且涉及很多利益问题，靠得太近，只会激起防范心理。

你可以参考下面这个优秀销售员的做法：

客户："最近心情很糟糕。"

销售员："X总，怎么了？能让我帮您分担一下吗？"

客户："我老婆太任性了，最近没事找事跟我吵架。我整天在外奔波，不都为了这个家吗？你给我评评理。"

销售员笑了笑，没有说话。客户看着销售员的反应，也感觉说多了。

销售员："X总，我们喝茶。"

客户："好，喝茶。"两个人又聊起别的话题。

这个销售员之所以受人喜欢，原因就在于他明白什么话题自己可以发言，什么话题自己要规避，坚决不介入客户的小世界。事实上这也应该是销售人员最聪明的做法。

其实，跟客户聊私事也可以作为辅助手段，增进一下友谊，也无可厚非。但仅限于一些轻松的话题，当客户和你谈到私密的事情时，比较明智的做法就是巧妙地转换话题。总之，尊重客户的"私人空间"，关键就在于"度"的把握。而度在哪里？有时也会因人而异。善于揣摩客户心理的销售高手，可以轻易地让客户保留适当的私人空间，又在客户身上开辟出一块大大的工作区域。只有反复练习、思考、总结，才能悟出其中的奥妙，提高销售的成交率。

第四章
讲故事不难,难的是讲好故事

可以说,只要会说话,你就可以讲故事。但要想讲好一个故事,光可以讲还不够,你还要努力讲出故事的含义和气氛,讲到客户的心里去。

如何自然而然地开始你的故事

我们经常会看一些脱口秀之类的节目，那些脱口秀表演者在台上兴奋地移动，挥舞着胳膊，扮演着不同的角色，他们享受着自己的个人秀，而我们也会沉浸其中，并对他们报以雷鸣般的掌声和真诚的赞美："哇，讲得好极了！"事实上，你很少能察觉到他们是什么时候开始讲那个故事的。这才是他们真正的过人之处。

其实，靠嘴吃饭的销售员大多都可以将一个故事讲得很动听，真正令他们不安的是，很多人不知道如何开始讲故事。因此，面对客户，他们往往只是尴尬地围绕着故事的主题说几句话，所有的时间都浪费在了不必要的焦虑上。

有人这样说："很抱歉，我刚刚想到一个简短的故事要和大家分享一下……"而这传达给客户的意思是：它并不重要，我甚至要为此而道歉。那客户为什么要听？

还有人这样说："我可以把我的一个故事分享给大家吗？"即使出于礼貌很少有人会反对，但这并不表示他们真的想认真听下去。

还有人这样说："大家注意，在我开始……之前，我先给你们讲个故事。"客户也许还会送个白眼给你，直接说不就得了，废什么话？

这些都是错误示范。其实，好的销售故事会使人完全投入而察觉不到何时开始，甚至察觉不到讲故事的人。你完全不必为一个故事而道歉，不必获得客户的许可，不要为故事画一个明确的分水岭……自然而然地开始你的故事，客户也将自然而然地被你的故事所吸引。

例如，你刚刚跟你的客户解释了你的产品和服务的运作原理，接下来你想讲一个关于你最好的客户如何使用它的一个故事，你的过渡语可以这样说："让我来告诉你我的一个客户是怎么使用它的，上个月……"然后你就可以开始你的故事了。它很自然地成为你们对话的一部分，根本不需要很多额外的"设置"。

更重要的是，你的这种过渡，也会激发客户的聆听兴趣。因为它告诉客户：你应该认真听，这样你才会得到问题的答案或学到其他重要的东西。

事实上，要想自然而然地开始你的故事，这并不难。你只要不将"故事"这两个字挂在嘴上就基本成功了。这是因为，客户会对"故事"这个词有着本能的消极反应。很多时候，故事就是谎言或童话的委婉说法。如果你告诉他们你的故事开始了，他们得到的意识图像会是：一个图书管理员为一群孩子阅读儿童读物。

这对于你的客户来说，是一种潜意识的侮辱。而且，当我们用"让我给你讲个故事"做开场时，通常会让人觉得接下来的故事冗长、无聊，而且毫无关系。虽然这种说法并没有什么道理可言，但无数事实证明，用"故事"二字来介绍你的故事，大多数情况下会让你的听众无形之中产生一种抵抗情绪。

所以，不要再像一个新手演讲者一样为故事的开始而过分紧张了，就让它自然而然地发生。你会发现，你的故事越讲越动听，你的"听众"也越来越多。

给客户讲故事，而不是背故事

你能想象同样一个故事，先后讲了6000次是什么概念吗？

你一定认为，一个故事重复了这么多遍，那么在讲故事的人的脑海里一定深深地扎根了吧，估计每一遍讲出来的语调都不会有变化了吧？

出色的演讲家罗索·康威尔告诉你，并不是这样的。当年，康威尔发表著名的演讲"如何寻找自己"，就先后进行了6000场。令人称奇的是，他的每次演讲都有小小的不同，因为他知道应该根据听众地域特征和文化背景完善演讲的内容。在康威尔看来，听众是不一样的，因此每次演讲也要有所不同，都要尽力贴近大家的生活，提供独特的演说效果。

你一定会好奇，他是怎样在一场又一场的演讲中取得成功的呢？怎样与听众保持活泼愉悦的关系呢？对此，康威尔给出了这样的回答："每到一个城市或者一个城镇，我总是先到达那里，然后去拜访邮政局长，接近当地的理发师和牧师，然后和这些人交谈，了解他们的历史及发展机会。之后，我会把要点整理出来，确定适合当地听众的演讲题材。"所以，康威尔总能在演讲中表现出不同的风格，他的演讲也总是广受欢迎。

这种勤勉谨慎、聪明好学的性格令康威尔博士受益匪浅，并在演讲中大获成功。因为他明白，成功的演讲绝不是背下演讲稿就可以的，根据听众的兴趣去演讲，不仅能够出色地掌控现场，还有助于演讲者更快地进入角色。与听众的兴趣联系起来，往往能够保证演讲和听众间的沟通畅通无阻。

这其实不仅仅是演讲成功的秘密，也是销售成功的秘密。

有一段时间，《美国杂志》发行量非常巨大。他们有什么样的秘诀能够使销量迅速上升呢？杂志的主编西德达起初还在主持这个杂志的一个专栏，后来升为主编。他说："在正常的情况下，人都是自私的，他们仅仅对自己关心的事情感兴趣，而对政府为什么要把铁路收归国有并不感兴趣。换句话说，他们关心的是怎样升职，怎样能够得到更多的薪水，怎样才能保持健康。我如果是这家杂志的主编，我将会告诉人们应该怎样找到房子，怎样购买房子，怎样保护牙齿，等等。而且，人们也总是对别人的故事感兴趣，我会邀请一些大富翁，让他们谈一谈怎样在自己的事业上赚钱，找一些著名的银行家和总裁们，讲述怎样从社会的底层通过不断努力达到高级阶层的经历。"

西德达当上了这家杂志的主编后，这家杂志的命运开始发生根本性的改变。以前，杂志的销售量非常低，可以说是一份非常失败的杂志。但是，西德达升任主编后按着预先的计划进行改版，随后杂志的销量马上就有了很大提升。归根结底，是因为杂志的内容有了重大调整，变成了读者感兴趣的话题。最终，西德达也走向了成功。

然而，现实生活中，很多销售新手，与其说他们在给客户讲故事，倒不如说他们在"背"故事。他们机械地将同一个故事一遍一遍讲出来，不管对面的是什么人，也不管他们是不是爱听。显然，这样的销售是失败的。

　　这就要求我们，不仅要实时更新我们的故事库，还要经常问问自己，这个故事是不是能够吸引到这个客户，那个故事是不是能够有效地排除那个客户的异议。如果可以，那么这个故事才会帮助你的销售工作取得好的效果。

好故事，画面感很重要

大多数销售员都会利用讲故事来促进销售工作的开展，但是效果，却是千差万别。这是因为，其中很多人都没有把故事讲好。

关于如何讲好一个故事，其中自是技巧很多，但就故事本身而言，一个好故事，一定是可以给人以画面感的。

我们常常听到很多销售员这样讲述"某某某说"，或是"某某某没有想到"。虽然也是在说一个事情，貌似讲故事，但因为没有画面感，缺乏感染力。这样的故事至少算不上是好故事。好的故事应让人有看到一幅画一般的现场感、亲临感，甚至有好的绘画一般的感染力。

一个负责销售一种名为"除冰王"的路面清理剂的销售员就很擅长这样讲故事。他常常这样对客户说：

"如果今天您的一位顾客在贵公司门前结冰的楼梯上滑倒了，导致大腿骨折，按照最保守的估计，您也需要赔偿他15000元。就算判定事故是由于他本身的疏忽造成的，贵公司不需要支付任何赔偿，那么，公司与顾客的关系也会遭到破坏！这对公司的发展非常不利。

"也许您会说，我们会经常清理路面，并在上面撒盐。这样确实会起到一定的防护作用，但是，如果您的一位同事约某个顾客在周六的早上于公司见面,又赶上这两天下大雪,那么就没有人会清理路面了,因为周六员工都休息了。房屋管理员履行了他的义务,在周五早上撒了盐。然而,一般盐的功效最多只能持续12个小时,实际上,到了周五晚上已经起不到任何作用了。周六早上就很容易发生不幸。如果您用了我们公司的'除冰王'能够保证24小时有效,只要房屋管理员在周五下班前稍微清理一下路面,就不用担心周六出现事故了。"

这样的故事,直接将客户带入"现场",让其身临其境。有了现场感饱满、感染力十足的画面,你的销售工作一定会简单许多。

非常遗憾的是,有不少销售员,本来有非常好的故事素材,却被他讲得苍白、无趣,非常可惜。

其实,故事的画面感,简单来说,就是别人听完你的故事后,脑海里面能够产生联想。讲故事的人就好像看了一部电影一样,脑海中存储了一部电影。你需要让没有看过这部电影的人,透过你的讲述被带入进去,能够更好地知道电影的故事和精彩画面。

首先,保证故事的结构完整。即交代清楚故事的时间、地点、人物和事件,这些基本元素交代清楚了,才更容易给人以画面感。就好像我们小时候的童谣一样:"从前有座山,山里有座庙,庙里有个老和尚在给小和尚讲故事。"寥寥三句话,画面感十足。

其次,有冲突的故事才有看头。如果一个故事只有一个最重要的部分,那一定是冲突。事实上,冲突是故事中唯一能够独自存在且依然吸引听众的部分。故事的精彩程度,很大程度上就受制于故事的冲突和矛盾,然后围绕解决冲突和矛盾展开。

在TED演讲"讲故事"中,作家和绩效教练阿卡什·卡瑞亚评论道:"能使故事极具吸引力的首要因素是冲突——能使听众完全被你的话所吸引,心情随着你的讲述而起伏。"因此,不要让主人公轻易得到他所追求的东西,怪兽难打,才能凸显出英雄本色。就像《人民的名义》中,如果侯亮平轻易破了案;《欢乐颂》中,如果小包总轻易追求到了安迪;《精绝古城》中,如果胡八一轻易到了精绝古城;《摔跤吧,爸爸》中,如果姐妹俩轻易拿到了世界冠军……那故事都不会精彩。故事背景需要呈现困境,过程需要突出复杂,结果展现成果。这才是一个好故事的基本框架。

再次,尽量少用缺乏画面感的词。你要知道,有些词,是天生不具备画面感的。最好不用,或者少用。比如:"各种""每个""很多""到处"……如果你告诉客户:"到处都是很多的各种人。"你希望客户眼前能出现什么样的画面呢?相信什么也没有,他只有眼晕,甚至会怀疑自己的视觉系统出现了紊乱。

最后,能说明白的就不要笼统。比如,"桌子上有一杯饮料"和"桌子上有一杯可乐",有区别吗?当然有。当你读到第一句的时候,脑子里很难形成图像。饮料?什么饮料?红的还是白的?甜的还是淡的?都不知道。当你读到第二句的时候,脑子里是不是立刻就有画面了?杯子里是可乐,是你熟悉的深色液体,杯子壁上似乎还形成了一些气泡,喝进去有清凉的感觉。

总之,好的故事,好的文字,应该是有强烈的画面感的。如果你有故事,希望你也是一个会讲故事的人。

把你的故事控制在3分钟

有人问马克·吐温,演讲词是长篇大论好,还是短小精悍好?他没有直接回答,而是讲了一个故事:

有个礼拜天,我到礼拜堂去,适逢一位传教士在那里用令人哀怜的语言讲述非洲传教士苦难的生活。当他说了5分钟后,我马上决定对这件有意义的事情捐助50元;当他接着讲了10分钟后,我就决定把捐助的数目减至25元;当他继续滔滔不绝地讲了半小时后,我又在心里减到5元;最后,当他讲了一个小时,拿起钵子向听众哀求捐助并从我面前走过的时候,我却反而从钵子里偷走了2元钱。

这个幽默故事告诉我们,讲话还是短一点、实在一点好,长篇大论、泛泛而谈容易引起听众的反感,效果反而不好。

演讲是这样,销售更是如此。销售人员在和客户沟通的时候,一定要用直接的、明白的语言来讲故事,表达自己的观点,或者给客户讲解。正如莎士比亚的名言:"简洁是智慧的灵魂。"有时候,即使只有一句话,也可以向客户讲述一个故事。事实上,几乎每一家企业都有一个"一句话品牌故事"。比如苹果的"活着就是为了改变世界"、海尔的"真诚到永远"、戴比尔斯的"钻石恒久远，一颗永流传"等等。只用一句话、一个短语，就凝聚了整个品牌的形象，集中体现了企业或品牌的灵魂，让客户可以将特定印象与产品对应起来，这无疑是巨大的成功。

一般来说，销售员应该把自己讲故事的时间控制在3分钟左右。而且最好在头一分钟就要抓住客户的耳朵，故事高潮部分要引发客户的情绪互动。最长也不要超过5分钟。如果讲了5分钟故事都没法让客户产生一点兴趣，那么赶快结束吧。也许你可以再试试别的可能性。

要想将故事控制在3分钟，你首先要改正自己说话啰唆的毛病。

一位在政府担任重要职位的高官，有一次被邀请到参议院某调查委员会作报告。他似乎不懂得演讲的技巧，讲话不知道讲重点，一个问题讲了又讲，但是又无法将要表达的意思表达清楚。

这个报告让每个委员都听得一头雾水，表现出不知所云和坐立不安的样子。这时，一位名叫撒穆尔·厄文的议员抓住一个间歇站起来，他说：

"听完您讲话，不禁让我想起了一个故事。故事的主人公是一对夫妻。他们决定要办离婚手续。先生在与律师沟通时，律师问他为什么要离婚。

"这位先生首先说自己妻子长得很漂亮，而且厨艺也十分好，并且还是一个贤妻良母。律师不解地问，他的妻子有这么多优点为什么还要离婚呢？

"这位先生说：'因为她总是说个不停。'

"'那她每天对您说些什么呢？'律师问。

"'问题就出现在这里，我根本不知道她每天在说什么，她从未讲清楚过。'"

言不在多，达意则灵。讲话简练有力，能使人兴味不减；冗词赘语，唠叨啰唆不得要领，必令人生厌。

此外，你要保证你的故事，有且只有一个明确的主题。这样才会给客户留下一个清晰明确的印象，也能够便于牢记于心。很多时候，你会觉得无法对构建好的主干进行填充，其中一个很重要的原因就是这个故事框架有太多的累赘，很多没有必要的情节的存在会令整个故事的思路完全跑偏，从而导致你没有一个好的方向，所以无法下手去填充。比如，你想讲一个以超市购物为主线的故事，却花了大量的时间描述在路上偶遇旧友的支线故事，显然，这个无关紧要的累赘支线并不能帮助故事主线的发展，反而会扰乱你和听众的思路。这时，你需要删除与故事主线无关的情节，重新填充能丰富或推动主线发展的故事情节。

还有一点，就是对细微描写的把握。研究发现，必要的细微描写更容易引起客户的情绪反应，或者是不知不觉中会影响客户的思维方向。但是，这并不是说越多越好。我们举一个例子：故事的时间是"九月一个温暖的早晨"，而你的描述是："你看，这是九月一个温暖的早晨，在达拉斯办公室外面，树干上的树叶终于开始慢慢变黄了。丁香花的香气穿过大堂，这种浓香足以使我们忘记外面高速路上嘈杂的交通噪声……"显然，这种过度描述性的语言更像是一本浪漫小说的开头，而不适合用在销售场合。

听说美食和故事更配哦

其实讲故事，不仅在时间长短上有讲究，什么时候讲也是有技巧的。如果可以一边吃一边讲，会有很奇妙的效果。

实际上，美国商界人士之间早就非常盛行"交际午餐"——即边用餐边商谈事情。这最初是为了节约时间所想出来的一个点子，但是从心理学的角度来看，这个方法也有其可取之处。

一起吃饭这种最原始的行为，会对人的深层心理产生强烈的影响。

首先，能加深彼此的友好关系。和见十次面相比，一起吃三次饭效果更好，如果再喝点酒，效果就更好了——和一起吃三次饭相比，一起喝一次酒则更容易成为好朋友。

1960年，詹尼斯（Janis, I. L.）在耶鲁大学以216名学生为对象，进行的一项个人实验就从侧面证明了这一观点。实验者要求所有参试者阅读"癌症治疗法"或者"军备竞争"等内容枯燥的专栏。在阅读专栏的时候，给A组学生提供花生和可乐，而对B组学生则未提供任何食物。然后，要求阅读完专栏的参试者对专栏做出评价。结果显示，一边吃花生和可乐一边阅读的A组学生的评价，比未吃食物的B组学生的评价更高。

可见，食用花生和可乐带来的"食用乐趣"能提高无聊的专栏形象。这也就是说如果你想获取对方的好感，或者想听到好的回答，就请对方吃美食吧。

其次，与对方一起进食还能增大对方与你达成协议的可能性。因为在进餐过程中我们更愿意接受对方的观点。

有一个心理学实验可证明上述事实。研究人员要求被测试者将他们针对某一事件的看法写在纸上，然后让他们阅读一些与他们持相反观点的报道并声称这些报道出自某位评论家之手，最后研究人员请被测试者在阅读评论后重新发表自己的看法。这时，研究人员将被测试者随机分为两组，一组在阅读评论文章时向被测试者提供饮料和甜点，而另一组则不提供任何食品和饮料。

研究人员统计了被测试者在阅读评论后态度的转变情况，结果表明在提供饮料和甜点这种情况下被测试人很明显地更愿意改变自己的观点。本来饮料和甜点是与评论完全不相关的实验条件，但是从实验结果来看，一边享美食一边阅读评论的人显然更易受影响。

其实我们大多也有过类似的经历，比如在汽车或是家电博览会上，再或是在画廊里，服务生一边为你耐心介绍产品的优异性能，或者讲述一幅画背后的动人故事，一边奉上香浓的咖啡及精美的糕点，这竟会使你在不知不觉中签订某项协议或购买某种商品。这说明在进餐过程中我们更愿意倾听，也更容易被别人说服。如果销售人员掌握了这一美食的魔法，能把客户的消极想法变成积极的想法。

此外，请对方吃东西，还可以"堵"住对方拒绝你的口。即使对方心中想反对，但是嘴里塞满食物，也不好说出反对的意见，因为闭着嘴巴嚼东西时开口说话是不礼貌的。所以，你一定要在对方刚把食物放入嘴里的时候，说出对方可能会非常反对的事情。这并不是开玩笑，而是一个在客观上不让对方发表反对意见的有效战术。

因此，你不妨尝试着请对方吃饭或找机会与他共同进餐，美食再配上一个动听的故事，说不定你可以轻而易举地说服他。如果只是喝咖啡或喝红茶，谈话可能会出现分歧。这时可以休息一下，叫上一些甜点，一边吃一边随意聊天，就有可能找到突破口，推动销售顺利进行。如果沟通的场所是你的公司或你的办公室，你也可以请对方喝茶和吃点心，比如像饼干这种一口咽不下去的点心，就能减少对方说出反对意见的机会。

换个方式，用道具讲故事

西班牙作家塞万提斯曾经说过："要预先警觉、预先武装好；充分的准备是成功的一半。"这里的准备工作，除了预先准备一段故事之外，还包括一项重要的内容，那就是你要准备好相关的道具。因为有时候，用道具讲故事，比你自己讲还要有效。

日本一家翻沙厂的销售员曾多次试图拜访一家铸铁工厂的采购科长，但是采购科长总避而不见。销售员紧缠不放，最后终于得到科长5分钟的见面时间。

当销售员到来时，他在科长面前一声不响地摊开了一张报纸，然后从皮包里取出一袋沙，突然地倾倒在报纸上。屋子里顿时沙尘飞扬，几乎令人窒息。科长咳嗽了几声，大吼起来："你在干什么？"

销售员不慌不忙地说："这是贵铸造公司目前所采用的沙，是上星期我从你们的生产现场向领班取来的样品。"

然后，他又在地上另铺一张报纸，从皮包里取出一袋沙倒在纸上。这时却不见沙尘飞扬，使科长大为惊异。接着，销售员取出这两种产品的样品，性能、硬度和外观都截然不同，使科长一目了然。就这样，在鲜明的对比之下，销售员成功地说服了那个科长，购买了自己的产品。

可见，用适当的道具讲故事，确实是一种吸引客户关注的有效方式。

世界上最伟大的推销员乔·吉拉德就曾指着自己随身携带的工具箱说："如果让我说出我发展生意的最好办法，那么，我这个工具箱里的东西可能不会让你吃惊，我会随时为销售做好各种准备工作。"而且，在他办公室的墙上，还挂满了他荣获的各种奖章，还有一些登着自己事迹的报纸、杂志、文章以及和某些重要人士合拍的照片。这些"无声"的故事，有力地给他自己以及他的产品做了最好的证明，无形中对客户产生了一种作用力，迫使其承认、信赖，甚至顺从和拜服，这使乔·吉拉德总是能十分顺利地推销出自己的产品。

对于故事道具的选择，许多人觉得无所适从。其实也不难，只要不偏离销售的主题，很多东西都是你可以利用的道具。

一家商店里某品牌手表的销售员，之前每次有顾客光临的时候，他都会绘声绘色地描述手表的质量如何优质，性能如何良好。虽然他口才很好，把手表的功能说得神乎其神，但是顾客反而更加怀疑，最多也只是看看，真正购买的没有几个。一个月过去了，他仅仅卖出一块手表。

这样下去可不是办法，这位销售员通过分析觉得，顾客之所以不敢购买他的手表，最主要的就是不相信商品的质量。那么，如何才能证明自己商品的质量呢？他想出了一个办法。

第二天，销售员买了一个鱼缸摆在自己的柜台上，并把两只手表放进了鱼缸里。很快就吸引了很多顾客过来围观。这时，他又开始讲自己销售的手表的防水防震功能，并把手表从水里捞出来让顾客传看，果然不怕水；接着他在把手表递给顾客传看的时候，故意没有抓牢，使表掉在地上。顾客吓了一跳，赶紧捡起来，看了看，还好没有摔坏。当顾客把手表还给他的时候，他居然又使劲儿地把手表摔在地上，但捡起来后，手表依然没有任何损伤。这下，顾客都相信手表的质量了。而此时，销售员又拿出手表的质量证书以及专家的推荐，并声明现在是推广期，限量销售，买晚了就买不到了。结果可想而知，顾客开始纷纷抢购他的商品。

  这个销售员之所以取得了成功，其实就是因为他用鱼缸讲了一个关于手表品质的故事，使顾客产生很大的好奇心和信赖感，并促使他们立刻行动，进行购买。

  聪明如你，相信你也可以找到合适的道具，辅助自己制造出有力的证据，来说明自身的实力，也给客户造成一定的威慑和压力，让他们尽快做出购买决定。当然，也要注意，不要让客户感受到你在逼迫他消费，否则就肯定收不到你预想的结果了。

生动的故事离不开肢体语言

我们用嘴讲故事,但却不仅仅用嘴。那些只会僵硬、空洞地"说"故事的销售员,很难让客户对他们的故事有兴趣,更别提对其推销的产品产生兴趣了。

一个生动的故事,一定是声情并茂的。

一家文化用品公司,一名负责推销学生用的复读机的销售员,有一次,在电话里向一所学校的负责人推销公司新进的多功能复读机。尽管他把自己推销的产品介绍得非常出色、非常有实效性,但是说了半天,却丝毫没有打动这位负责人。而且,电话那头的人显然也已经失去了继续听下去的兴趣——"就这样吧,再联系吧!"说完把电话挂断了。

这个销售员自然不想放弃这样一位有意向的客户,可是,该介绍的都已经介绍完了,还能说什么呢?

突然,他灵机一动:自己推销的是小学生使用的多功能复读机,其中有一项功能是原音再现,如果自己可以用动画片里的配音把产品更生动地演绎一下,是不是效果更好呢?想到这里,这个销售员决定先学会动画片里的配音,然后再联系那位负责人。

他马上买了一套当下孩子们非常爱看的《熊出没》的动画片,从头到尾看了起来。很快他就发现这部动画片里熊二的声音独特,而且行为搞笑,肯定是孩子们爱看、爱模仿的对象。于是他决定模仿熊二的配音,经过认真揣摩和用心模仿,他不但学会了熊二的配音,而且还学会了熊二的一套动作。

一个月后,销售员再一次联系了那位负责人,这回他没有在电话里推销,而是要求和这位负责人在学校见面洽谈。来到学校之后,他也没有急于推销产品,而是先拿出样品给这位负责人表演了自己学习的成果。他惟妙惟肖的表演,立刻吸引了这位负责人的全部目光。这位负责人由衷地赞叹道:"你表演得真棒!我们的小学生都非常爱看动画片,你们这款复读机的这个功能非常有吸引力,我想孩子们使用之后也一定会爱上学习。"

最后,这位负责人心甘情愿地签订了一笔订购50台复读机的订单,而且还与这位销售员建立起了长久的合作关系,经常主动帮助他推销产品。

与客户交谈时,销售人员需要以专家的身份介绍一些行业政策和知识,但这并不意味着你需要照本宣科。将专业术语巧妙地口语化,并声情并茂地表演出来,让客户能够快速理解,你才能更快地达到目的。

当然,面对不同的客户,我们还要使用不同的故事形式。如果销售员不明白客户的真正需求,只顾自己表演,就不能及时地调整销售策略,最终就会失去成交的机会。像上文中,如果不是面向小学生而是大学生的话,再演熊大、熊二的故事,可就让人笑掉大牙了。因此，在与客户沟通前，销售员应该对客户的自身情况尽量做更多的了解。比如，了解客户的思想、需求、愿望、不满和抱怨，甚至客户的气质等重要信息。只有这样，我们才能有针对性地与客户进行沟通，从而利于商品销售。

第四章 讲故事不难，难的是讲好故事

让你的声音为你的故事加分

声音是故事的载体。声音动听，可以给人一种美的享受，使别人爱听你讲的故事；相反，如果一个人的声音不招人喜欢，那么他的故事再精彩，效果也会大打折扣。所以说，我们在给客户讲故事的时候，一定要注意使自己的声音更加富有感染力，才能真正吸引客户的耳朵。

也许有人会说："我从小就这样说话，我已经没法改变了。"其实不然。相信很多人都看过《窈窕淑女》这部电影，它讲的是语言学教授希金斯将一个满是乡下口音的卖花女伊利莎在短期内训练成为一个操着贵族口音、出入于上流社会的千金小姐。还有，一位颇有气质的东方女性靳羽西，她在刚开始当电视主持人的时候，也曾经向语言专家请教说话的技巧。通过学习，她发现发出的声音越低越容易富于变化而出彩，也越吸引人。

所以，无论你原来的嗓音是什么样的，其实都可以通过练习体现出魅力、气质与个性，让离你最远的听众都能进入你的声音"磁场"。

1. 不要用鼻音说话

用鼻音说话会给人消极压抑的感觉，让人不舒服。一般情况下，电影中用鼻音说话的那个人总是一个脾气很坏、性格很固执的坏老头形象。因此，习惯用鼻音说话的人，要练习用胸腔发音，只有字正腔圆的说辞才能对别人产生说服力。

2. 声音不能刺耳或过低

我们印象中那些尖锐刺耳的声音，往往都是女人在遭受惊吓或刺激时发出的声音，或是生性泼辣的女性骂人时发出的声音，那些声音会让人感觉非常不舒服。但是，声音过低也不好。它会让人觉得此人身心疲惫、萎靡不振。而且这时发出的声音会让别人听起来十分苍老，缺乏热情和力量。尤其不适合销售这一职业。事实上，即使你以最低的声音说话，你的声音也需要助力，低语与柔和清晰的说话绝不相同。千万注意自己的声音要表达适度，只有这样你的故事才能发挥它应有的作用。

3. 去掉嗯嗯啊啊的口头禅

许多人讲故事时都会习惯使用"嗯、那个、然后"之类的口头禅，也许你自己不觉得有什么不妥，但当你发现他人使用口头禅时，你会感到这些词语是多么令人烦躁，多么单调乏味。因此，请记住奥利佛·霍姆斯的忠告——切勿在谈话中散布那些可怕的"呃"音。如果你有录音机，不妨将自己练习讲故事时的声音录下来，听听自己是否有这一毛病。一旦弄清自己的毛病，那么在以后给客户讲故事或与人讲话的过程中，就要时时提醒自己注意这一点。

4. 嘴唇不能僵滞

一个人如果在说话时嘴唇僵滞或者懒散，往往会出现口齿不清、省字连词的情况，这样别人根本听不清楚他在说什么，甚至会因此产生误解。而且，这样的说话方式也会让这个人看起来十分不自信，甚至有些唯唯诺诺。因此，如果有这方面问题的销售员，一定要在平时说话多加注意，比如学会搭配表情，用丰富的表情调动起脸部肌肉的运动，这样效果就会更好。

5. 控制故事的节奏

一是要调整好语速。如果语速过快，别人可能会遗漏一些信息，最后导致对方根本听不懂你在说什么。如果语速过慢，对方就会产生倦怠感，根本无法坚持听下去。一般来说，适当的说话速度为每分钟120~160个字。当然，这还需要你自己平时多加练习，因为要想把握好语速其实是很难的，即使是一个职业演说家也常常把握不好自己说话的速度。

二是要注意声调和语调。声调即单个词的调子，语调即贯穿整个句子的调子，两者决定了声音的高低抑扬，决定了有无吸引听众的魅力。有些领导抱怨自己讲话时下属露出困倦的表情，其实这是因为他自己发出的是一种嘀嘀嗒嗒的单调之声，让别人根本听不进去。所以，我们在给客户讲故事的时候，一定要注意抑扬顿挫，这样才能给你的故事增添丰富的效果，增强吸引客户的魅力。

总之，我们应该学会如何让自己的声音为一个精彩的故事加分而不是减分，这值得我们为此付出努力。

在"适当瞬间"结束你的表演

很多时候,销售沟通的失败并不是因为你没能有效地说服客户,而是因为客户已经做好了购买的决定,可是你却没能及时发现他们发出的这些成交信号,结果大好的成交机会就这样被你轻易错过了。

其实,客户的购买时机只有那么一瞬间,这在心理学上有一个名词叫"心理上的适当瞬间",指的是客户与销售员在思想上完全达到一致的时机,即在某些瞬间买卖方的思想是协调一致的,此时是成交的最好时机。若销售员不能在这一特定瞬间成交,成交的希望就会落空,再次成交的希望就变得渺茫。

因此,如何把握客户"心理上的适当瞬间",对销售员来说,实在是意义重大。让我们来看看下面这个例子。

某配件生产公司,最近研发出了一种新型的配件,较之过去的配件有很多性能上的优势,价格也不算高。销售员汤姆立刻联系了他的几个老客户,这些老客户都对该配件产生了浓厚的兴趣。

此时,有一家企业正好需要购进一批这种配件,采购部负责人对汤姆的销售表现得十分热情,反复向汤姆咨询有关情况。汤姆详细、耐心地给他解答,对方频频点头。双方聊了两个多小时,十分愉快,但是汤姆并没有向对方索要订单。他想,对方还没有对自己的产品了解透彻，应该多接触几次再下单。

就这样，汤姆一次又一次地与对方接触，并逐步和对方的主要负责人建立起了良好的关系。而对方也多次与汤姆联络，并表示一定会购进，显得非常有诚意。汤姆想："这笔单子已经是十拿九稳的了。"

然而，一个星期后，对方的热情却慢慢地降低了，再后来，对方发现了他们产品中的几个小问题。这样拖了近一个月后，这笔到手的单子就这样黄了。

汤姆的失败，既不是因为缺乏毅力或沟通不当，也不是因为该产品缺乏竞争力，而正是因为他没有把握好成交的时机。现实中，许多销售员也容易犯和汤姆类似的错误，往往是讲得太多，以至于失去销售最好的时机。

当感觉到客户的友好与购买的兴趣的时候，销售员的职业习惯很容易错误地以为："客户喜欢听我讲故事，如果我再多讲一些，那么他们就会对我和我的产品印象更深刻。"实际上这是错误的。其实，当客户变得友好，表现出兴趣的时候，恰恰应该是你停止表演的时候。

一般来说，客户"心理上的适当瞬间"到来，必定伴随着许多有特征的变化与信号，善于警觉与感知他人态度变化的销售员，应该能及时根据这些变化与信号，来判断"火候"与"时机"。下面我们就来具体分析一下客户成交前的各种外在表现，以便销售员洞察客户的心理，及时并准确地抓住成交的信号，达成交易。

1. 语言信号

语言信号是客户在洽谈过程中通过语言表现出来的成交信号。

这也是购买信号最直接、最明显的表现形式，只要销售员有意捕捉和诱发这些语言信号，就可以顺利促成交易。具体包括：

话题集中在某一独特的问题上，客户反复询问，这说明此问题是成交的最后一道坎，过去就好了。

客户对产品给予真诚的肯定和称赞，或者对产品爱不释手。

征询朋友的意见，说明他想买，正在求证。

询价或和你讨价还价，这是一个最显著的信号，谈好价格后基本就可以成交。

询问交易方式、购买手续、付款条件等。

对产品的细节如包装、颜色、规格等提出很具体的意见和要求。

客户提出"假如我要购买"的试探问题。

对产品质量或工艺提出疑问，说明他关心买了以后的使用情况，并为价格谈判做铺垫。

了解售后服务的各项细节。

另外，应当注意的是，语言信号中，还包括提出反对意见的。这类比较复杂，反对意见中，有些是成交的信号，有些则不是，必须具体情况具体分析，既不能都看成是成交信号，也不能都无动于衷。

2. 表情信号

表情信号是客户在销售洽谈过程中通过面部表情表现出来的成交信号。及时发现、理解、利用客户表露出来的成交信号，并不十分困难，其中大部分也能靠常识解决。具体做法一要靠细心观察与体验，二要靠销售员的积极诱导。当成交信号发出时，及时捕捉，并迅速提出成交。

具体来说，客户的表情成交信号包括：

当客户开始认真地观察产品,表示对产品非常有兴趣时,在听你介绍产品的时候若有所思地把玩产品,很可能他内心正在盘算怎样和你成交呢。

客户的表情从戒备、抵触变为放松,眼睛转动由慢变快,眼睛发光,腮部放松,这都表示客户已经从内心接受了你和产品。

在你讲话的时候,客户频频点头,说明你的"洗脑"已经成功。

脸部表情从无所谓、不关注变得严肃或者沉思、沉默,说明他在往心里去,可能由于下决心不容易,才有那沉思和严肃。

态度由冷漠、怀疑变成自然、大方、亲切,也说明对你和产品的接受。

认真观看有关的视听资料,并不断点头。

当客户身体靠在椅子上,眼睛左右环顾后突然直视着你的时候,说明他在下决心呢。

3. 行为信号

行为购买信号是客户在销售洽谈过程中通过其具体行为表现出来的成交信号。客户表现出的某些行为是其心理活动的一种反映,这种购买信号主要是通过身体语言来表现的。如:

坐姿发生改变:原来是坐在椅子上身体后仰看着你,现在直起身来,甚至身体前倾,说明原来对你的抗拒和戒备,变成了接受和迎合。

动作变化:原来静止地听你介绍变成动态,或者由动态变为静态,说明他的心境已经改变了。

客户不再提问,而是认真地思索。

反复阅读文件和说明书,从单一角度观察商品到从多角度观察商品。

查看和询问有关成交条件的合同文本或看订单。

打电话询问家人，或者打电话询问他心目中的专家。

请关键人物出场，或介绍相关人物。

给你倒水递烟，说明他很看重你。

当然，根据环境、客户、产品、销售人员的介绍能力及成交阶段的不同，客户表现出来的成交信号也千差万别。作为销售人员，一定要学会敏锐把握成交的信号，细心观察客户的细微表现，从中分辨客户传递给自己的信息。在收到客户希望成交的信号后，请及时结束你的表演，并做出积极反应，以达成交易。

第五章

用故事掌控销售的每个环节

销售是一个有多链条的过程，不管是初次拜访、建立关系，还是做产品介绍、处理客户异议，直至完成销售并做好售后，我们都可以通过讲故事的方式掌控销售的各个环节。

故事开场白促成"快速约会"

写作中，有人称开头第一句为"The Opening 'Killer' Sentence"，意思是写好第一句就等于能将读者"一枪致命"。其实，开口说第一句话也是如此。尤其是在销售中，开场白是很重要的一环。它是沟通的开始，在很大程度上影响着客户以后对你的看法及感情，也决定着将来能否迅速成交。

但最重要的，往往也是最难的。现实生活中，绝对不乏一句话就结束的销售员。如果你想用一个别开生面的开场白为以后的成功助力，那故事就派上用场了。

一家建筑公司在费城承包了一幢办公大楼的建筑工程。一切都进展得很顺利，眼看就要完工了，突然，负责提供内部装饰用的铝材的承包商宣称他们将无法按期交货。眼下，又没有其他公司能够供货，如果找不到铝材，工期就会推迟，这将会给公司带来巨大的损失。

长途电话、争执、不愉快的会谈，全都没有效果。于是公司派出很有口才的吉姆前往纽约，当面说服铝材承包商。

吉姆走进那家公司董事长的办公室之后，立刻就说："您知道吗？在整个布鲁克林区，有您这个姓的，只有您一个人。"

董事长很是吃惊："是吗，我并不知道。"

"哦，"吉姆接着说，"今天早上，我下了火车之后，就查阅电话簿找您的地址，在布鲁克林的电话簿上，有您这个姓的，只有您一个人。"

"我一直不知道。"董事长说，接着他很有兴趣地查阅电话簿。"嗯，这是一个很不平常的姓，"他骄傲地说，"我这个家族从荷兰移居纽约，几乎有两百年了。"一连好几分钟，他继续说到他的家族及祖先。

当他说完之后，吉姆就恭维他拥有一家很大的工厂，吉姆说自己以前也拜访过许多同一类型的工厂，但跟他这家工厂比起来就差得太多了。"我从未见过这么井然有序的铝材厂。"吉姆继续夸奖说。

"我花了一生的心血建立这个事业，"董事长说，"我为我的工厂感到骄傲。你愿不愿意到工厂去参观一下？"

在参观过程中，吉姆仍然继续恭维董事长的工厂组织制度健全，并告诉他为什么他的工厂看起来比其他的竞争者好，以及好在什么地方。吉姆还对一些不寻常的机器表示赞赏，这位董事长就宣称是他发明的。他花了不少时间，向吉姆说明那些机器如何操作，以及它们的工作效率有多高。他还坚持请吉姆吃午饭。

从见面到现在，吉姆竟然对生意上的事一字不提。这让不少人已经对他能否说服对方抱有怀疑了。但结果呢？吃完午饭后，董事长就开门见山地说："现在，我们谈正事吧。我知道你这次来的目的，只是，我没有想到我们的相会竟是如此愉快。你可以安心地回到费城去了，我向你保证所有的材料都将如期运到，即使延误其他的生意我也不在乎。"当然，事实也的确如此，那些铝材及时运到，大厦就在契约期限届满的那一天完工了。

同你喜欢关注自我一样，别人也喜欢关注自己，这样投其所好的开场白，会让对方获得一种受重视和受信任的感觉，从而迅速赢得对方的好感。这就是为什么吉姆一直没开口要求，却达到了他此行目的的重要原因。

开一个好头，之后的相处才会更加融洽。如果销售员可以一开口就抓住了客户的耳朵，以及他的心，就很可能会为自己接下来的销售工作奠定是否精彩和成功的基调。

然而，现实生活中，存在开场障碍的销售员绝不在少数。比如：由于自身的害羞和紧张不能将交谈开展下去；开场的第一句话不知道如何说；不会做吸引人的自我介绍。如果这些问题不能及时得到克服和解决，销售工作将很难开展。

这里，我们提供两"点"建议：

一是"共鸣点"。

1984年5月，美国总统里根到上海复旦大学做访问。他与一百多位中国学生相聚在一间大教室里，他一开口就说了这样一句话："其实，我和你们学校有着密切的关系。你们的谢希德校长同我的夫人南希是美国史密斯学院的校友呢！这么看来，我和各位自然也都是朋友了！"话毕，他赢得了全场的热烈掌声。里根总统一开口就抛出了"共鸣点"，成功打开了一百多位异国学生的心扉，接下来的谈话自然就更是轻松、融洽了。为了初次见面交谈的成功，我们不妨也事先寻找一下自己与客户之间的共鸣点，可以是朋友的朋友，可以是同一个出生地，可以是都曾去过某个地方……不过，这里有一点需要注意，这个共鸣点不能是对方不希望提起的，或者是不喜欢和陌生人谈论的，或者是不感兴趣的话题，否则会适得其反。

二是"闪光点"。

日本寿险业"推销之神"原一平有一天去拜访一个商店老板，他们并不认识，但原一平一开口就这样说道："先生，您好，我是明智保险公司的原一平，今天我刚到贵地，有几件事情想请教您这位附近最有名的老板。"老板很纳闷："什么？附近最有名的老板？"

原一平很激动地说："是啊，根据我了解的结果，大家都说这个问题最好请教您。"那位老板态度明显好了许多："哦，大家都说是我啊！真不敢当，是什么问题啊？"

原一平真诚地说："实不相瞒，是关于怎样有效地避免税收和风险的事。"这个时候，这位老板很有些被赞美冲昏了头脑的感觉，非常热情地说："站着说话不方便，请进来说吧！"

不要说对方没有优点，不知该赞美什么，这其实只能暴露你缺乏发掘他人闪光点的能力。事实上，人人都有自己的长处，即使最普通最平凡的人也绝不是"一无是处"，关键在于你是否能够"沙里淘金"、"慧眼识珠"。

当然，你一定也已经发现，这一切的谈资都是建立在你对客户的基本情况做过调查了解的基础上的。所以，有时候最好还是多做些前期调查、多留意一下客户的生活细节，这并不会花很多时间，却会给你带来意想不到的收获。

用一个故事勾起客户的购买欲

兴趣是一切行动的动力,要想让客户购买产品,就要设法激发出他们对产品的兴趣来。客户对产品感兴趣了,购买的欲望就容易产生,而购买欲望产生了,购买行为也就容易随之而来。反之,则很难达成交易。

那么,如何能够引起客户对产品的兴趣呢?最好的办法就是找到客户与产品的共通点,把产品推荐到客户的心里去。也就是说,销售员要在销售的产品和客户之间找到一个连接点。这个点就是产品与客户的共通点,即产品的哪些特征可以很好地符合客户的喜好、凸显客户的品位。如果找到了这个共通点,再将这个点凸显给客户,自然就可以打动他们了。

比如,面对那些对金钱比较敏感的客户,一个"破财"的故事就可以迫使他们早做决定。

查尔斯在一家生产烹饪设备的公司做推销员。一次,有个城镇正在举行大型的集会,查尔斯知道消息后马上赶了过去。

在集会场所,查尔斯展示了一套价格为490美元的烹饪设备,并强调它能节省燃料,他还把烹好的食品散发给人们,免费请大家品尝。这时,有位看客一边吃着食品,一边呷呷嘴说:"味道不错,不过,我对你说,你这设备再好,我也不会买的。490美元买一套锅，真是天大的笑话！"

此话一出，周围顿时响起一片哄笑声。查尔斯抬眼看看说话的人，这人他认识，是当地一位有名的守财奴。

查尔斯想了想，就从身上掏出一张一美元，把它撕碎扔掉，问守财奴："你心疼不心疼?"守财奴吃了一惊，但马上就镇定自若地说："我不心疼，你撕的是你的钱，如果你愿意，你尽管撕吧！"查尔斯笑了笑，说："我撕的不是我的钱，而是你的钱。"守财奴一听，惊讶不已："这怎么是我的钱?"查尔斯说："你结婚20多年了，对吧?""是的，不多不少23年。"守财奴说。查尔斯说："不说23年，就算20年吧。一年365天，按360天计，使用这个现代烹饪设备烧煮食物，一天可节省1美元，360天就能节省360美元。这就是说，在过去的20年内，你浪费了7200美元，不就等于白白撕掉了7200美元吗?"接着，查尔斯盯着守财奴的眼睛，一字一顿地说，"难道今后20年，你还要继续再撕掉7200美元吗?"

最后，反倒是这位口口声声说这套烹饪设备贵的人第一个掏出钱来买走了一套。

当然，人各有情，各有其性。同样一款产品对不同客户的吸引是不同的。因此，销售员要想在销售中取得成功，就要收集各种信息，准确定位客户的性格，并瞄准其心理软肋，在自己的"故事库"中为每一类客户"量身打造"一个或几个故事，这样才能将潜在客户的购买意图转化为现实的购买行为。

这绝不是一件容易的事，但却是一件必要的事。"如果我们想把东西卖给某人，就应该尽自己所能去搜集关于他的有利于我们销售的所有情报。无论我们销售的是什么，如果我们每天肯花一点时间来了解自己的客户，做好准备，铺平道路，那么就不愁销售不成功了。"这正是美国伟大的汽车推销大师乔·吉拉德的肺腑之言。

那么，如何去做呢？

一是察言观色。客户的衣着神态、行为举止中都隐藏着他的信息。比如客户的走向，当他直接向某个品牌或产品走去，就表明他心里有了目标；还可以从客户的眼神或视线凝视得多的地方，或是当你讲解时客户的面部表情，看出他是不是对你介绍的产品感兴趣、赞同你的观点，等等。总之，销售人员对客户的观察应该是全面的、仔细的，从整体以及细节上来了解自己的客户，从而有针对性地销售，将对方引领到自己所期望的方向，最终实现自己的销售目的。

二是提问聆听。弗朗西斯·培根曾经说过："谨慎地提问等于获得了一半的智慧。"正确而巧妙地提问并认真聆听，有助于销售人员了解客户需求，找到应对的策略，从而让销售进程越来越容易掌控。但这里要特别注意一点，避免使用封闭式的问题。所谓的封闭性提问是答案受到限定的提问，客户只能在有限的答案中进行选择，这些答案往往是"是""不是""对""错""有"或者"没有"等简短的答案，如"我能否留下产品的相关资料呢？""您是不是觉得和大公司合作比较可靠？"等。封闭性提问不仅会使客户产生被审问的感觉，而销售人员也只能从客户的答案中得到极其有限的信息。

最佳的提问方式是：多提开放性的问题。即销售人员不要限定客户回答问题的答案，而完全让客户根据自己的兴趣，围绕谈话主题说出自己的真实想法。通常，开放性问题包括以下疑问词：

"为什么……""……怎（么）样"或者"如何……""什么……""哪些……"等。具体的问法还需要销售员认真琢磨和多实践才能运用自如。开放性提问可以令客户感到自然而能畅所欲言，有助于销售人员根据客户谈话了解更有效的客户信息。而且，在客户感到不受约束、畅所欲言之后，他们通常会感到放松和愉快，这显然有助于双方的进一步沟通与合作。

总之，你要记住，你卖的不是东西，而是客户的需求。有针对性地为客户推荐最适合的产品，才能让客户掏钱。

深奥的术语也能变成丰满的故事

在销售界，有一种叫"FABE"的销售法。F代表产品的特征；A代表产品的优点；B代表客户的利益；E代表证据。即在给客户介绍产品时，要把产品的性能、材料、外形、使用性、便利性、价格以及可以给客户带来哪些便利和利益等，都要说清楚、明白，这才算是良好的产品介绍。

比如下面这一段产品介绍："诸位请看，这是一款新式调料瓶，瓶口有舌状的倒出口，出口上刻有5厘米的沟槽。这个沟槽的用处是防止瓶内的液体外漏，但不会妨碍往里面倒入液体，油、醋、酱油等都可以由此口无障碍地倒入。这款调料瓶的优点之一是在倒完瓶内所装液体后，不会在瓶口存留液体，因此看起来十分干净卫生。根据我们的市场调查，这一特点是市场上同类商品不具备的，因此特别可贵，有着非常好的销售前景。您再看，这款调料瓶是圆锥形的，盖子也是圆的，上下一体，给人一种圆润、光洁的感觉。颜色方面，也有蓝、黄、绿三种颜色可供选择，可以说外观时髦别致，既可以放在厨房，也可以放在餐桌和食品柜中。因此，不管是从外形还是实用性上看，这款新式调料瓶都堪称完美……"

这就是典型的"FABE"销售法。即把产品的性能、外观、使用、特色，以及给客户带来的利益都介绍得十分清楚，客户也会听得明明白白。

但这种方法有一个弊端,那就是我们往往会在不经意间走入一个误区——满嘴专业术语。而客户往往会因为这些听不懂的术语与你产生沟通障碍,也会因为这些深奥的术语对产品失去兴趣。比如,保险行业推销员如果总是搬出一堆专业术语如"费率""债权""债权受益人"等,即使客户有购买兴趣,也会因听得一头雾水而婉转地谢绝。

你要知道,很多时候客户并不关心产品的原理,他们关心的是买了你的东西后有什么好处。这个东西对他们有用,这才是硬道理。如果你没有办法将产品特点与每位客户的需求联系起来的话,那还是会导致失败的。

所以,不如将你背诵下来的那些产品性能吃得更透一些,变成一个个符合客户诉求的好故事讲给他们听,才能增加他们购买的可能性。

一个大学生,毕业后就进入了一家采用纳米技术制作产品的公司做销售。他每天都辛辛苦苦地看产品原理介绍,就怕客户到时候左一个"正电子"右一个"负电子"地问他。

有一次,他带着样品上门去推销,尽管他说得唇干舌燥,愣是没一个人相信他。客户说自己根本就不相信纳米技术的效果,认为它和一些保健品一样,没有什么实际效果,最多是给人心理安慰。

这该怎么办?如果他再正电子负电子这么讲下去,估计客户仍听不懂,即使听懂了也没人会相信。于是他灵机一动,从口袋里掏出一盒烟。本来客户都没什么兴趣了,见他掏出烟,马上有人说:"对不起,在我们办公室里不能吸烟。"

其实,他要的就是客户重新注意他。他没有说话,把烟盒里剩下的几支烟倒出来,拆开烟盒,递给客户,让他闻一下。客户不理解,问他什么意思,烟味这么呛人,闻它干什么。听到客户这么一说,销售员立刻打开空气净化器,把烟盒附在上面几分钟,关了净化器后,让他再闻烟盒。客户一闻,烟盒纸上果然没有一点烟味了。就在客户将信将疑的时候,他又说:"我这不是玩魔术表演,国家最权威机构的检测证书在这里。"客户终于心服口服了。

一个优秀的销售人员并不是满嘴的专业词语,恰恰相反,你需要在掌握了一定的专业知识的基础上,将销售工作的重点放在产品的诉求点上。因为无论你如何精明,如何巧舌如簧,如何能够吸引客户的眼球,你所做的一切最终还是为了说服客户购买你的产品。学会站在客户的立场上介绍产品和服务,才能真正获得客户的信赖,进而实现良好的业绩。

而有效、确实的诉求重点则往往来自平时对各项情报的收集整理和与客户多次接触。例如:通过阅读资料获取:新闻杂志选摘的资料、产品目录、产品简介、设计图、公司的训练资料等,是最快捷、最直接获得产品或服务信息的途径;也可以从相关人员身上获取,上司、同事、研发部门、生产制造部门、营销广告部门、技术服务部门、竞争者、客户等都可以成为你获得产品或服务信息的对象;还可以是你自己的体验总结,自己亲身销售过程的心得、客户的意见、客户的需求、客户的异议等,也能反映出产品或服务某方面的信息。

在具体的操作中,许多销售人员往往会被客户的表面态度击败。其实大可不必,要知道,世界上没有永远的拒绝,也没有最好的产品。不要以为你的产品和对手的产品在功能上无法相提并论。其实,你产品的价格和适应性,你的服务,还有你自己,都能够为客户找到合适而且合算的理由。

把故事对准客户的异议点

一次成功的销售,其实就是一个排除客户异议的过程。

在推销的任何阶段,客户都有可能就任何方面提出异议。只有成功地处理各类客户的各类异议,才能有效地促成交易。因此,探查清楚客户的心理根源(不管是因为价格因素,还是因为产品质量,抑或是服务态度),并迅速有效地消除客户的顾虑,对销售人员来说是十分必要的。

通常来说,销售人员会用一系列经时间证明有效的方法来处理异议。如LAIR模式(倾听、承认、确认异议、扭转局势),或者LACE模式(倾听、接受、承诺、明确行动),或是LAARC模式(倾听、承认、评估、反应、确认)等模式。不可否认,这些方法都非常有效。但其实,如果你没有把它们同讲故事融合在一起使用的话,你实际上就丢失了一个非常重要的工具。任何时候,你都不应该忽视故事在销售中的作用。

在具体的操作中,你可以根据客户的异议点,选择合适的故事。

比如,就需求异议而言,你可以利用故事在客户心中种下差别感。让我们看一个买保险与不买保险的差别故事:

演员黄日华的妻子梁洁华和演员张达明,都曾因为重病而入院治疗。但二人康复出院后,结果却是完全不同的。梁洁华一方,她本身就是保险公司员工，早就为自己购置了保险，此次生病所有花费完全由保险公司报销。病好了，却没有花费家庭资产；而张达明一方，他所有治疗费用都需要自己承担，早期为减轻家庭负担，甚至想把房子卖掉，作为医生的张达明的妻子何念慈也辛苦上班接诊，减轻家庭负担。张达明的病好了，家里的钱没了。

如果保险销售员，将这个故事讲给客户听，相信大部分客户都会对保险有一个较为正确的认知。

另外，还有很多客户会对价格提出异议。碰到就价格提出异议的客户，你可以利用故事制造损失感。例如下面这个案例，销售员就是用了这一策略：

在一家服饰商店有一件珍贵的貂皮大衣，因为价格太高，在店里挂了两个月也没卖出去。后来店里招了一个新店员，他说他能够在一天之内把这件貂皮大衣卖出去，但有一个条件，就是要求老板不管谁问价格一定都说是5000元，而其实它的原价只有3000元。

这一天下午，店里进来一位中年妇女，她在店里转了一圈后，看好了那件卖不出去的貂皮大衣，就问店员："这衣服多少钱啊？"

店员假装没有听见，只顾忙自己的，中年妇女加大嗓门又问了一遍，店员貌似才反应过来，说："不好意思，我是新来的，耳朵有点不好使，这件衣服的价钱我也不知道，我先问一下老板。"说完就冲着柜台处大喊："老板，那件貂皮大衣多少钱？"老板回答说："5000元！""多少钱？"店员又问了一遍。"5000元！"声音很大。

中年妇女听得真真切切，心里觉得太贵，便不准备买了，而这时店员却憨厚地对她说："老板说3000元。"中年妇女一听顿时心花怒放，她认为肯定是店员听错了，于是付过钱以后匆匆地离开了。就这样，这个店员很轻松地把滞销了很久的貂皮大衣按照原价卖出去了。

排除中年妇女贪小便宜的心理，我们仍然可以从这个例子中看出，当销售员为客户营造一种"现在不买就可能会蒙受潜在损失"的现象时，客户会因担心这种情况的发生，而立即采取行动来预防损失，哪怕他们对产品本身的购买欲望并没有达到十分强烈的程度。这样，销售人员就能够很容易并尽快达到目的了。

其实，不管是在哪方面，客户的挑剔，从心理学上来说，是有其真实意图的。正如一句俚语所说："嫌货的才是买货人。"客户在对你的产品挑毛病的同时，也是他对此产品真正感兴趣的开始。事实上，在消费的过程中，没有哪一位客户是故意去找碴的。那些有时候看似很不可理喻的挑剔，很多时候正是"醉翁之意不在酒"。喝彩的只是看客，挑剔的才是买家，只有那些嫌货色不好的人才是真心想买的人。他们只是为了获得更优惠的价格、更好的服务，或者是显示自己的尊贵地位，让销售人员重视自己。总而言之，只有对异议秉持正确的态度，才能使销售人员面对客户异议时能冷静、沉稳，才能从异议中发觉客户的真正需求，把每一个异议都转换成一个销售机会。

故事中的"小威胁"能加速签单

有些客户对于产品的挑剔简直让人无法想象,有时候,即使销售人员再能说、再会说,他们还是无动于衷。面对这种客户,我们必须改变策略,学会适时地在我们的故事中加点"小威胁",可以很大程度上缩短客户的考虑时间。

从具体方法上来说:

一是在商品数量上限制。我们都知道,古董之所以价值连城,主要原因就是因为它们稀少、罕见、不容易获得。如果类似的古董到处都是,那么它们也就不值钱了。销售人员在销售商品时也可以利用客户的这种心理弱点。

马上进入秋季了,而鲍里斯所负责的商场的仓库里却还积压着大量短袖衬衫,如此下去,不但无法完成本季度的销售计划,甚至还会出现亏损,作为商场经理的鲍里斯心急如焚。

他思虑良久,终于想出了一条对策。他命人拟写了一则广告,并吩咐售货员:"未经我的许可,不管顾客是谁都只能买一件!"

不一会儿,便有一个顾客苦恼地走进经理办公室:"我想多买几件衬衫,我家里人口很多……""哦,这样啊,这的确是个问题。"鲍里斯眉头紧锁,沉吟起来,过了好一会儿才像终于下定决心似的问顾客:"您家里有多少人?您又准备买几件?""五个人,我想给每个人都买一件。""那这样吧，我先给您三件，过两天假如公司再进货的话，您再来买另外两件您看怎样？"这个顾客不由得喜出望外，连声道谢。

谁知这位顾客刚一出门，另一位顾客便怒气冲冲地闯进经理的办公室大声嚷道："你们凭什么要限量出售衬衫？还有，刚才那个人可以买三件，为什么我只能买一件？""根据市场的需求和我们公司的实际情况。"鲍里斯面无表情地回答着，"不过，假如您确实需要，我可以破例多卖您两件。"

就这样，衬衫限量出售的消息不胫而走，不少人慌忙赶来抢购，以至于他们不得不在商场门口排起了长队，还要靠警察来维持秩序。傍晚，所有积压的短袖衬衫被抢购一空，该季度的销售任务也超额完成。

可见，数量有限的信息确实会对客户的购买决策产生有效的影响。客户在其影响下，为了使自己不因买不到而后悔，总是会果断地做出选择。先将自己喜欢的商品占为己有，这样才能够安心。

二是对销售时间限制。客户之所以会优柔寡断，在很大程度上是"还有"意识在作怪——还有希望，还有时间，还有一次，还有更好的，等等。要让客户尽快下决心，就要打消他们的"还有"意识。

王允在一家保健器材店做销售，他今天要去见客户马总。

和马总寒暄过后，王允向马总介绍了自己销售的保健器材。马总说："小伙子，目前我还没有这方面的需要啊，如果需要的话，我一定会给你打电话，对了，你的电话是多少来着？"王允知道马总下逐客令了。

王允赶紧说了自己的电话，然后接着说："听说您的母亲就要过七十大寿了，就伯母这身体再活70年也没问题！"马总叹道："唉，虽然平时保养得一直很好，可毕竟年龄大了，身体一天不如一天了呀。"王允说："老年人保养是没错，但还要经常做些运动，一来能增强身体的抵抗力，二来还可以保持一个好心情。"马总说："以前也经常锻炼身体，可今年不行了，她觉得太累，再说我也怕出什么问题。可愁坏我了。"王允接着说："我们公司的这套健身器材正好可以帮您解决这个难题。"接下来，王允把保健器材的所有好处都说了个遍。

当看到马总已经流露出了购买意愿后，他说："您想想，要是您不能在母亲七十大寿的时候送她一件有意义的礼物，伯母一定会感到很失望。我们的保健器材绝对能让她老人家感受到您的孝心，每次看到它，老人家都会想起自己这个值得纪念的生日。其实啊，这种保健器材销售部只剩下3台了，您现在要是不买，等您想买的时候恐怕就没了，只能等公司总部发货了。错过了您母亲的大寿，那实在是太遗憾了！""好吧，你现在就回公司，帮我把这套健身器材送到我办公室，我还想给我母亲一个惊喜呢。"马总迫不及待地打断了王允的话。

"最后"意识就是"还有"意识的对立面。一旦对方明白自己的期待是毫无意义的，他就会像你所期待的那样，早下决心。而且，你设置的这个最后期限越彻底，其短缺的效果也就越明显，而因此引起的人们的拥有欲望也就越强。这在销售人员进行产品推销的过程中是很有成效的。因为这就暗示了客户，除非现在就选择购买，否则以后再买的话，就需要支付更多的钱，甚至根本就买不到。这无疑给客户施加了高压，使其在与自我的斗争中努力地去说服自己购买。

事实上，这两种方法都是在利用客户"物以稀为贵"的心理，通过强调产品的稀缺性来促使交易尽快完成。这是一种很有效的营销方式，销售员只要抓住客户的这种心理，恰当地给客户制造一些"威胁"，比如只剩下一件商品，只有最后一天的优惠时间，已经有人预订了，等等，从而让客户产生一种"现在不买，以后就买不到了"的心理暗示，这样就会促使客户果断地购买你的产品。

价格战中,故事也能派上用场

虽然"报价"在整个销售的流程中操作相对简单,但交易双方对价格的争夺最少占据整个谈判期间70%以上的工作内容。如果销售人员不想"栽"在这个阶段,就要与客户打好这场关于价格的心理战。

实际上,在这场关于"数字"的战争中,故事依然可以派上用场。

史密斯是阿肯色州一家皮革公司的销售经理。一次,他负责推销公司新生产的带状皮革制品。他把新产品展示给一个客户看,然后问客户:"您认为这产品如何?"

"嗯,不错,我非常喜欢它,但是我猜想如果我想拥有的话,您会告诉我它是非常贵的,而我要为它付出一个荒谬的价格,在您之前,我已经听说了。"

"先不要去考虑这个。"史密斯说,"我知道您懂得贸易,经验丰富,您对皮革和兽皮都有一定的研究,我更愿意听听您的意见。"

客户受了奉承,心里很是受用,他打开了话匣子,与史密斯畅谈起来。甚至透露了他的心理价位,他告诉史密斯他认为可能是45美分一码。

"您说得对。"史密斯用惊奇的眼光看着他说,"您不愧是行家,真不知道您是怎样想到的?"

最终,这名客户从史密斯手里以45美分一码的价格订购了一批带状皮革制品。双方对事情的结果都很满意。但是,即使两人谈得很愉快,史密斯也决不会告诉客户公司最初给产品的定价是39美分一码。

在这个事例中,史密斯就没有受客户的诱导,过早地发动这场"战争",而是先用一个客户感兴趣的话题引发畅谈,再在故事中不失时机地将价格因素引入进来,让客户给产品定价,最终取得了主动,完成了交易。

当然,我们不可能完全靠故事"蒙混过关",最好的方式是技巧与故事结合,最终实现销售的目的。下面这些与客户讨价还价的技巧,正是优秀销售员的必备技能。

1. 报价时,留出议价空间

通常情况下,客户往往不相信销售员第一次给出的价格就是最低价格,只有经过询价、砍价这个过程,客户对销售员有了信任,对产品有了认可,并在产品价值与价格之间找到平衡后,他们才会最终做出购买的决定。基于客户的这种心理,销售员在给客户报价时,与其给出一个最便宜的价格,不如给他们一个讨价还价的空间,以便满足一下他们喜欢砍价杀价的心理,这样最后成交的概率会大大提升。

当然,这并不是说你可以狮子大开口。如果你的报价高得离谱,吓到对方,导致对方知难而退,甚至一走了之,就毫无意义了。

一般来说，合理的报价是：一定要让客户感觉到这个价格是可以商榷的，当他们领悟到"砍价机会"的时候便能够用一种期待的心态来进行交谈，你便可以趁机摸清客户的价格意图了。

2. 不要接受客户的第一次还价

讨价还价中，一条很重要又很单纯的原则就是：永远不要接受客户的第一次还价。不管客户开出的价格是否符合你的预期，都不要轻易接受。这是因为人心就是这样：东西获得太容易，就会让人怀疑它的真实性。一方面，在人的潜意识中，都认为得到就必须有所付出，是需要通过努力才能获得的。太容易得到，会让人怀疑自己是否中了圈套，进而启动自我防御机制。另一方面，对方一看你答应得如此干脆，会认为你还有可以退让的空间，从而得寸进尺地向你逼近。因此，销售员在接受客户的价格时，一定要显得困难一些，这样客户才会心满意足、高高兴兴地掏钱购买你的商品。

3. 不做无理由的让步

俗话说，"天上不会掉馅饼"，所以在销售谈判中也绝对没有无理由的让步。当你对客户做出单方面无条件的让步时，他们也许会这样想："如果你的商品和服务没有任何问题，为何要做无条件的让步？""是不是你心中有鬼，却不好公开？"这会使客户对销售员和产品的不信任感加强。所以，销售人员在与客户就价格问题进行心理博弈时，一定要注意：不要单方面过早地做出让步，否则你会在下面的销售谈判中陷入被动。

4. 要让客户看到你的"勉强"

不仅在客户第一次开价或还价的时候不轻易接受，还要做到此后的每一次让步都应尽量微小，让对方看到你的"勉强"之意。因为你需要通过让步来传递某种信息：一次一点微小的退让，可以让客户认为你是一个变通、不死板的人，并且非常尊重他，每次退让都是在为客户做"巨大的牺牲"。只有这样对方才会感觉到你真的"让步"了，否则他们只会认为自己吃亏了。

销售完成，你的故事还要讲

从某种意义上来说，真正的销售活动是在售出商品后才开始的。这一概念看似故弄玄虚，实则至理名言，因为只有让客户重复购买的销售行为，才算是成功的销售。而要赢得客户的忠诚，绝不是靠一次重大的行动就可以的。在销售完成后，顶级销售员还会在提供售后服务、处理客户不满、销售回访等方面继续讲故事。因为这样做，就等于是让你的竞争对手永远也别想踏进你客户的大门。

比如下面这个导购员，面对顾客退货时，用一个故事就完美解决了。

一位女顾客在某商场给丈夫购买了一套西服，回家穿后，丈夫有点不大喜欢这种颜色。于是，她急忙包好，干洗后拿商店去退货。她对导购员保证道："这件衣服绝没穿过。"导购员接过衣服看了看，发现了衣服有干洗的痕迹。机敏的导购员并没有当场找出证据来说明她说的是假话，而是为顾客找了一个台阶。

她微笑着说："夫人，我想是不是您家的那位搞错了，把衣服送到洗衣店去了？我自己前不久也发生过这类事，我把买的新衣服和其他衣服放在一起，结果我丈夫把新衣服送去洗了。我想，您是否也碰到了这种事情。"这位心知肚明的女顾客知道事情已经

"败露"了，而导购员用一个故事给了她一个台阶，于是不好意思地拿起衣服，离开了商场。

试想一下，如果导购员直接指明顾客说的是假话，那样的话，顾客为了顾及自己的面子，一定会死不承认的，而且事情会越闹越大。到最后，对错会变得毫无意义，一定会落得两败俱伤的结局。

所以，销售人员要记住，永远躲开正面的指责。如果实在有必要，也仅以一个故事旁敲侧击地暗示一下。只有这样，投诉的问题才能大事化小，小事化了，把怒气冲冲的客户转变为自己最忠实的消费者之一。

另外，要想建立永久的合作关系，销售前的奉承，远不如销售后及时的跟进、周到的服务来得更重要，这是创造永久客户的不二法门。

约翰看中了一个大房子。但是在与房产推销商签订合同之后，他总有一种自己买贵了的感觉。因为虽说房子不错，可那毕竟是一大笔钱。

几个星期之后，约翰突然接到了房产推销商打来的电话，说他要来登门拜访，这让约翰不禁有些奇怪。到了那一天，房产推销商一进屋就祝贺约翰选择了一所好房子。他跟约翰聊天，讲了很多当地的小故事。又带约翰围着房子转了一圈，把其他房子指给约翰看，说明约翰的房子为啥与众不同。他还告诉约翰，附近几个住户都是有身份的人。

这一天，房产推销商表现出的热情甚至超过了他卖房的时候。这一下，约翰疑虑顿消、得意满怀，他确信自己买对了房子，很开心。

一周之后，约翰的一位朋友来玩，对旁边的一幢房子产生了兴趣。约翰自然介绍了那位房产推销商。后来朋友没有买那幢房子，却从他手里买了一幢更好的房子。

这一天，房产推销商本来可以去寻找新客户的，但他却把时间都用在了拜访他的老客户约翰上。你觉得他吃亏了吗？当然没有。他不仅解除了约翰心中的疑虑，而且无声中又赢得了一个新客户。

正如一首诗无论开头多么"气势磅礴"，若结尾软弱无力，都不会是首好诗。但如果开头平淡无奇，而结尾句余韵无穷、意境深远，却堪称是首好诗。要想成为一名优秀的销售人员，你"离开"时的样子就应该要比"到来"的时候更美。这样，客户才愿意一次又一次地光顾你的生意。更重要的是，他们乐意介绍别的人给你，这也就是心理学中所谓的"滚雪球效应"。成功的推销生涯正是建立在这一基础上的。

客户的不满,用故事来平息

遭遇客户投诉是难以避免的事,即使是最优秀的销售人员都避免不了,因为世界上没有完美的产品,也没有百分之百完美的服务,只有日益理性、日益挑剔的消费者。

很多销售人员视客户投诉为洪水猛兽,认为它必定会为自己和单位带来负面影响。当然,遭遇投诉不是一件愉快的事情。然而,营销学有句名言:"投诉的客户才是忠实客户。"因为客户不抱怨并不代表他们满意,只是有的客户认为与其抱怨还不如离开,减少和你及公司打交道的次数。通常,一个老客户的抱怨代表着没有向你抱怨的客户的心声。提出抱怨的客户,若问题得到圆满解决,其忠诚度会比从来没有抱怨的客户更高。

那么,现在你唯一应该思考的,就是如何把怒气冲冲的客户转变为自己最忠实的客户之一。

当然,要想有效地解决客户的投诉,只靠讲故事,那简直是痴人说梦。但故事在其中的作用却是不容忽视的。

一般来说,面对客户的不满、投诉,我们需要分以下三步进行:

第一步:认真地倾听。

当客户气急败坏地带着问题前来投诉时,最重要的是先让客户平息怒气,而要想平息客户的怒气,最重要的就是倾听。

许多销售人员不等客户说完，就急忙将其打断，迫不及待地进行解释。这是极其错误的行为，这反而会激怒客户。要知道，客户向我们投诉，主要的目的是向我们倾诉他们内心的种种不满和意见，希望我们能帮助他们解决问题，而不是来听我们的解释、说明或辩护的。

在客户发泄情绪的时候，你可以用点头、微笑或适当的皱眉，表示你一直在倾听，并认真地记录下他投诉的要点。还应在必要时，表示出你的同情和理解。其中一个可取的技巧是，赞同投诉者一些没有谴责成分或不违反你单位的方针和目标的说法。事实上，这里也是你插入一些故事的契机。"太不幸了，我感到很遗憾发生这种事情。""你说得对，谁都不愿遇到这样的事情。""我知道您为什么这么生气了。""我能想象你当时是多么的麻烦。""我非常理解你现在的感受。上个月我妈妈……"等等。但故事宜短不宜长，毕竟客户的倾诉才是重点，这里的故事只是引发共鸣的手段。

第二步：真诚地致歉。

化解客户投诉时，一个重要的原则就是："态度第一，技巧第二。"如果不能做到给人诚恳真挚的感受，那么即使眼前的问题解决了，日后双方仍无法有融洽的关系。因此，面对前来投诉的客户，不管是不是你犯错，都要向投诉者真诚地表示歉意。即使投诉者是错的，但致歉总是对的，这是为客户情绪上所受的伤害表示歉意。

在这里，需要特别注意一点，许多人在道歉时，常常使用"很抱歉，但是……"的句式，这显然不是一个好方法。因为这个"但是"否定了前面说过的话，会使道歉的效果大打折扣。最常见的例子是，当一家餐厅员工说："很抱歉，但是我们太忙了！"客人不会在乎"太忙"，反而认为这是在推卸责任。当然，你的道歉也不能让客户以为公司已完全承认是自己的错误，你只是为情况而致歉。例如可以用这样的对白："让你感到不方便，不好意思。""给你添了麻烦，非常抱歉。"

第三步：迅速解决问题。

有时，你仅仅通过倾听、同情和真诚道歉等就能平息消费者的情绪。但更多时候，会涉及更换产品、返工或者退款等现实问题。这时，就需要你做一个问题解决者，当你把问题解决了的时候，投诉自然也被化解了。

在处理投诉问题时，一个重要原则就是迅速及时。如果能当场解决问题，绝不要拖延到明天。如果不能当场解决，也要采用合理的方式答复客户。总之，一定要力争在最短的时间内卓有成效地解决问题。而且，还要征求客户的意见，这样做既可以让他感到受到尊重，受到重视，也可以帮助我们更好地解决问题。

这里，其实也是可以讲故事的，例如我们前面讲幽默故事时，讲到一个事例，说顾客发现盘子中的一只龙虾少了一个虾鳌，生气地质问服务员时，服务员用一个幽默故事就让客户的怒气瞬间消失了。他是这样说的："先生，您知道，龙虾是非常好斗的。这只虾肯定是在争斗的过程中被对方误伤了。如果您不喜欢这只'战败'的，我马上撤掉，为您换那一只'获胜'的。"

总而言之，没有人可以做到十全十美，因此，也不可能保证销售人员永远不发生失误或不引起客户投诉。关键是如何对待投诉。假如我们能够以合理的方式去对待,并在处理过程中展现出我们真诚热情的服务态度,投诉的问题也会大事化小,小事化了,最终会是一种圆满。

第六章

递过话筒,让客户讲故事

在推销活动中,主角是客户而不是销售员自己。所以,与其自己在那里滔滔不绝,还不如让客户讲故事,也许比销售员自己讲,效果还要好。

有时候，听故事比讲故事更重要

这本书读到这里，我相信你已经知道，讲故事，对于一个销售员来说有多么重要。但现在，你还应该知道，听故事同样重要。

首先，你需要客户讲故事。如果你是病人，你会信任一个刚进入检查室，就花一个小时甚至更短时间告诉你他的医术有多高明的人吗？如果不会，那么你的客户为什么会接受你用同样的方式向他推销商品呢？所以，你需要客户开口给你讲他们自己的故事，听过他们的故事后，你才能更清楚地知道你要给他们讲什么。

而且，更重要的是，你的客户需要讲故事。事实上，早在2000多年前，古罗马政治家西塞罗就曾说过："雄辩之中有艺术，沉默中也有。"销售人员首先应该扮演好听众，而后才是演说家。如果你只顾自己滔滔不绝地讲个不停，那这场销售就变成了无意义的、机械的自我展示和产品介绍了。而这样的自我展示和产品介绍是很难真正"走进"客户内心，打动客户的。

所以，我们不仅要会讲，更要会听。尤其是当你用心倾听的时候，客户不但会被你的热忱打动，你也会从中真正获取有价值的情报，轻轻松松搞定销售。

著名人寿保险推销员法兰克·派特，有一次被邀去参加一个横跨美国的巡回演讲活动，每周有5个晚上对着几百名听众发表演说。这次演讲经历，让他在圈内有了更大的影响力，也给他的推销工作增加了谈资。

费城牛奶公司的总裁，以前跟法兰克做过一小笔生意，这次很愿意见到这位在美国巡回演讲的年轻人。果然，两个人刚见面，这位总裁就递了一支烟过来，表现出浓厚的兴趣："法兰克，说说你的巡回演讲吧！"

但法兰克很清楚自己此行的目的，他没有得意忘形地开始讲自己的故事，而是把话题转移到客户的生意上去了："完全可以，不过我更想知道你的近况。你现在忙什么呢？生意红火吧？家庭都好吧？"这位牛奶公司总裁便给法兰克谈起了最近的生意和家庭。后来说到前一天晚上与妻子和朋友们玩"红狗"的事。这是纸牌的一种新玩法，法兰克以前没听说过，他本来想谈谈自己巡回演讲的事，但是看到客户很起劲地谈论"红狗"，于是把注意力放到这上面来。

这次面谈就这样持续着——这位总裁滔滔不绝地讲故事，法兰克在旁边耐心地听着，不时哈哈大笑。两个人显然是在聊天，不像谈生意。最后，这位总裁把法兰克送到门口，说："法兰克，我们公司打算为工厂管理人员投险，你说28000美元够不够？"

这太出乎意料了。整个会谈中，法兰克根本没说几句话，完全在听客户说，没想到最后却得到了一份订单。而这，就是倾听的魔力！

不过，要想听到客户开口讲故事，也不是一件容易的事。要具备这种能力，总是需要花点时间学习的，你不妨从下面几个方面做出努力：

1. 让自己的目的模糊化。一位资深的销售人士这样总结经验：跟客户接触初期，一定要使自己的目的模糊化，让客户的需求清晰化。显然，只有不让客户感觉你是为了卖东西给他才与他接触的，这样你的成功率反而更高。这时，就需要你很巧妙地掩饰自己的目的，让客户逐渐接纳你，整个销售过程才能顺利进行下去。

2. 谈论客户感兴趣的话题。每个人都有自己感兴趣的话题，或者是自己擅长的领域，或者是最近期望了解的东西，或者是利益所在。销售人员必须准确判断客户的兴奋点是什么，对哪些话题感兴趣，然后主动围绕着这些话题展开对话。客户听到自己感兴趣的话题，自然会敞开心扉，传达给你更多信息。两个人的心理距离近了，才会有建立信任、实现合作的基础。

3. 扮演好听众的角色。著名心理学家狄金森曾说："好的倾听者，用耳听内容，更用心听情感。"如果你真正热心地听对方说话，你就会在他说话时看着他，你会稍微向前倾着身子，你脸部的表情也会有反应。而且，倾听不只包含听到对方说什么，还观察到对方非口语行为所蕴含的意义，注意到其手势、表情、神态、声调、身体动作，当一个人心口不一时，往往可从非语言信息看到其真正的含意。然后对于所听到、观察到的，给予适当而简短的反应，一个点头、一个微笑都可以，这不仅表示你在听，而且表示你在很用心地听，这是对说话人的理解和尊重。这样的示意，能让对方感受到你的肯定和鼓励。

总之，每个人都希望自己的故事别人愿意听、喜欢听，客户尤其如此。因此，当销售员发现对方对自己所说的话、所讲的故事心不在焉时，最好的做法就是闭上嘴巴、打开耳朵。你的倾听，不仅会让客户认为你受他的故事所吸引，而且也会为你自己赢得揣摩客户心思的时间。这样对双方有益的事情，为什么不多做一些呢？

正确提问，引出一个故事

事实上，大多数销售员都知道，提问并认真聆听能令销售取得更快的进展，因为创建双向对话，是准确把握客户需求的最有力保障。

然而，问题就出在提问上。许多销售人员养成了一些懒散的坏习惯，遇事不动脑筋，不管接近什么人，开口就是："生意好吗？"例如，曾有一位采购员就研究业务员第一次接近顾客时所说的行话，做过这样一个记录：在一天来访的14名所谓的业务员中，就有12位是这样开始谈话的："近来生意还好吧？"这是多么平淡、乏味！另有一位家具厂推销经理也抱怨过，有4/5的业务员都是以同一个问题开始推销面谈，即"生意怎样？"

可见，光知道需要提问还不行，你还需要知道怎么提问。这里有两个小技巧，学会它们，你也许不仅能听到一段精彩的故事，还能收获一段友谊和一笔生意。

1. 从客户的兴趣爱好着手

所谓兴趣，是一个人力求接触和认识某种事物的一种意识倾向。谈到自己感兴趣的事情，人们往往就会情绪激昂地参与进来。例如，一个不爱吸烟的人，很难见到他经常去商店购买香烟。相反，一个好美的年轻女子，你可以经常看到她去商店购买款式新颖的服装或化妆品。而这种心理就可以为销售人员在销售中说服客户时所利用，以主动去谈及的兴趣，拉近与顾客之间的距离，从而实现进一步的交流，为最终的销售铺平道路。

秦亮是某装潢公司的销售人员，一次他去拜访客户林先生。见面之后，秦亮先对自己公司的产品做了大体的说明，使林先生有所了解，并看看是否有自己需要的产品。但是这些枯燥的、像念经一样的东西，实在无法引起林先生的兴趣。

秦亮知道，如果自己再这样说下去，肯定会引起对方的反感，这样很可能就会使生意泡汤。于是他努力寻找着能够吸引林先生的话题。这时，他发现林先生背后的书橱里放着许多关于"易经"方面的书，并且办公桌的案头也有一本看了一半的《易经》。于是秦亮眼前一亮，找到了突破口："我想林先生一定很喜欢中国古代的文化经典，想必对《易经》也是十分有研究的吧?"

本来昏昏欲睡的林先生听到秦亮谈到《易经》，一下又有了精神，说："是啊，略有研究，闲暇时喜欢琢磨琢磨。"秦亮顺势说："其实，我也很喜欢中国的古典文化，特别喜欢《易经》，它思想深邃，包罗万象，把宇宙与生命巧妙地结合在一起，透露出很多人生的真谛，很值得去研究啊!"林先生马上被吸引了过来，一下子有了兴致，和秦亮讨论开来，秦亮的一些见地与林先生不谋而合，使林先生很是高兴。谈到中午还不尽兴，他非要拉着秦亮一起吃饭，边吃边聊。简直就是相见恨晚，一下子亲密得不得了。

后来，林先生不仅买了秦亮的产品，还和他成为好朋友。而这一切的因缘只是秦亮在拜访之前不久，刚刚读过《易经》，那时刚好派上用场，迎合了对方的兴趣。

由此可见，兴趣与爱好对客户的购买行为有着多么重要的影响。因此，如果你的提问针对的是客户的兴趣所在，那一定可以打开对方的话匣子。

当然，这也就对销售人员提出了更高要求——你要博闻强识，了解的东西越多，知识越丰富，就越能够自如地应付更多的客户。即使不精通，也要了解大概，一旦某天和客户谈起，也不会因为自己的无知而冷场，导致交流无法进行。例如上面的例子中，如果秦亮没有读过《易经》，也就难以找到和林先生的共同话题，生意就难以做成。销售人员只有懂得越多，才能找到和客户的共同点，使彼此相互吸引。

2. 提及客户的得意之处

美国的金牌寿险推销员乔·库尔曼，曾把自己的成功归结为一句具有魔力的话："请问您是怎么开始您的事业的?"他用一个很典型的例子来论证这种魔力。

在他刚开始推销时，曾经遇见了一家工厂的老板罗斯。罗斯平常工作忙得不可开交，许多推销员都对他无计可施，可是库尔曼却成功地让这个人买了自己的保险。当时推销的情境如下：

库尔曼："您好，我是乔·库尔曼，是保险公司的推销员。"

罗斯："又是推销员。今天，你已经是第十个来我这里的推销员了。我手上有很多事情要做，没有时间听你说话。快走吧，别再烦我了，我没有时间！"

库尔曼："请允许我自我介绍一下，只需10分钟。"

罗斯："难道你听不明白吗？我根本就没有时间！"

这时候，库尔曼低下头去用了整整一分钟的时间看放在地板上的产品，然后张口问道："您干这一行有多长时间了？"

罗斯说："哦，22年了。"

库尔曼不失时机地接了下去，继续问道："您是怎么开始做这个的？"

这句话立即在罗斯身上产生了不可抗拒的魔力。他开始滔滔不绝地谈了起来，从早年的不幸到创业的艰辛，再到自己取得的成绩，一口气谈了一个多小时。最后，罗斯还热情地邀请库尔曼参观自己的工厂。那一次会面，库尔曼并没有卖出去保险，但是他却和罗斯成了朋友。然而，在接下来的三年里，罗斯却先后从库尔曼那里买走了4份保险。

"您是怎么开始您的事业的"，其实就是为了提及对方得意的话题，引起对方的畅谈兴趣，从而进一步沟通，获得推销的成功。

其实，刚开始接触的时候，很多客户都会不自觉地对推销人员感到厌烦，不过，当你巧妙地聊起了客户感兴趣的话题之后，就可以消除双方之间的陌生感，拉近彼此的距离，赢得进一步交流的空间，并最终交易成功。

怀旧话题，最能引起客户共鸣

若说有什么话题最能引发人们共鸣，那一定非怀旧莫属。据一项有两千多人参与的网络调查显示：43.7%的人有时怀旧，37.5%的人经常怀旧。

其实，在消费市场上，我们亦可窥其端倪。比如，近几年，回力鞋、铁皮青蛙重返市场，《致青春》《变形金刚》等怀旧主题电影屡屡刷新票房纪录，怀旧产品和卖点几乎涵盖衣食住行各方面。如果我们能在这方面做些文章，那一定可以激发客户讲故事的兴趣。

例如，如果客户有特殊的经历和背景，那么，这些经历和背景，会使他们在某些方面有一种趋同性，对以往的经历容易产生怀旧情绪。

一家国企，准备引进一批先进的生产设备，销售员正在积极地同国企厂长接触。了解到这位厂长曾经参加过"越战"，还得过荣誉勋章，销售员把双方的见面场地选择在了一个特别的地方。

这是一家位于繁华地带的老兵餐厅。餐厅内墙壁上挂着几只小巧的手枪，还有一幅用子弹壳拼成的行军图。在餐厅中央，陈列着一个锈迹斑斑的小钢炮，和几只三八式步枪。

一见面，销售员就微笑着说："这里的环境很特别，我曾经来过一次，不知道你喜不喜欢？"厂长微微一笑："还行，挺好的。"事实上，他刚一走进餐厅，就倍感亲切。

销售员接着说："我非常向往以前革命老前辈们经历过的那些兵刃相见的日子，要是我生长在那个年代，肯定也能当个排长、连长什么的。"

厂长被他的话逗乐了，笑道："你这是站着说话不腰疼，你们这些年轻人好日子过惯了，都不知道战场上子弹是不长眼的，一个不留神，你就成了枪下亡魂了。"

"这么说，难道您经历过战争？"销售员装作毫不知情，饶有兴趣地问道。

这句话立刻勾起了厂长的回忆，他情绪激动地说："是啊，我参加过'越战'，真正的战争场面可比现在的电视剧残酷多了。要不是那次我机灵，现在就不可能坐在你对面了。"

"有这么严重吗，说来听听，让我这个小辈长长见识。"销售员迫不及待地请求。

毫无疑问，两人的这次谈话非常成功，销售员还从对方的故事中了解到了许多其他的情况，最终，根据这些宝贵的信息，他顺利签下了该厂的采购大单。

事例中的销售员就是从对方有特殊身份与经历的情况入手，从地点和话题两方面唤醒、激发了客户的怀旧心理，并在此基础上进行销售的。

另外，如果客户是背井离乡，或者是故土难离的群体，那么以故乡为话题，一定可以让过去生活留下的烙印，在客户的心中重新变得清晰起来。

欧洲空中客车公司打算开发印度市场,他们派出了一位优秀的推销员拉提埃。

大客户拉尔将军可不是一个好说话的人,他甚至连一次面对面的交谈机会也不给拉提埃。好在拉提埃也不是一个可以轻易就放弃的人,在他的努力下,拉尔将军终于同意花十分钟的时间接见他。

其实,公司之所以派拉提埃来开发印度市场,除了因为他是一位优秀的推销员外,还因为他有着别人没有的先天优势——他是一名印度人。那天,双方一会面,拉提埃就把自己出生于印度的事情告诉了拉尔将军。之后,拉提埃明显感觉到两人之间的谈话也密切了一些。接着拉提埃又回忆起自己小时候曾受印度人民照顾的事情,并表达了自己对印度的热爱之情。这种真挚的感情和由衷的谢意,让拉尔将军非常感动,于是,他渐渐地对拉提埃产生了好感。

十分钟的接见限制早已失效。而拉提埃更是趁热打铁,将他早已准备好的一张颜色泛黄的合影照片拿了出来。照片上是一个小男孩和印度民族主义领袖甘地的合影。那个小男孩就是拉提埃,当年,在他们全家一起回国的途中,遇到了这位民族英雄,于是便荣幸地同甘地一起照相留念。

拉提埃一边恭敬地将照片送到了拉尔将军的手里,一边为将军描述他的这段经历。他还告诉将军,这次来印度,他还有一个重要的任务就是拜谒圣雄甘地的陵墓,所以他把甘地先生的照片带在了身上。

拉尔将军对国家、对甘地的深厚感情完全被拉提埃激发出来了，他也打开了心扉，同拉提埃友好地谈起了过往、谈起了生意。

正所谓"老乡见老乡，两眼泪汪汪"。熟悉的生长环境、地道的乡语乡音，会让彼此陌生的两个人一下子产生一见如故的感觉，从而欣赏、信任对方。销售员拉提埃正是利用了这一点，促进了同客户间的关系。

当然，不管方式如何，要想勾起客户的怀旧情绪，销售员都必须先了解客户怀旧的事物和人，然后才能从中找到一个共鸣点，恰到好处地解除对方的心理防线，让销售工作顺利进行。

客户的故事中藏着他真正的想法

对销售人员来说，被拒绝是家常便饭。但很多时候，客户的拒绝并不代表他真的不需要。据有关统计，大概60%的消费者拒绝的理由并不是拒绝销售的真正理由。所以，了解客户不购买的真正意图是决定下一步销售计划的关键，它将直接决定销售人员该采取哪种应对措施。

所以，你需要客户开口给你讲他们自己的故事，听过他们的故事后，你才能更清楚地知道你要给他们讲什么故事。

马佳一直把一家地毯厂当成商业保险的目标。地毯厂由3个人合股联办，其中一个人较其他两个年轻人要保守和固执得多。马佳每次向他销售保险时，他总说听力不好，对马佳的话表示听不懂。后来马佳得知这个人撤股离开了公司，他马上想到销售保险的机会来了。

过了几天，马佳打电话和新任厂长预约，这件事马佳曾和他谈过。马佳在预约的时间来到厂长办公室，但马佳见到厂长时，他的脸上只是一片冷漠。

马佳坐下来之后，他说："我想你是为了那笔商业保险生意而来的。"马佳轻轻地点了点头。他马上斩钉截铁地说："对不起，我不买保险。""能否告诉我原因吗？"他说："工厂不景气，负债累累，而且每年的保险支出达1万~2万元。""是的。""为了摆脱逆境，我们决定慎用每一分钱，直到赢利为止。"

马佳迅速地思索了几秒钟，问："一定还有其他原因，我不相信您不买保险仅仅是因为支付不起那些钱。""的确还有其他的原因。"他露出了微笑。"您能告诉我吗？""我有两个儿子，刚刚大学毕业，现在都在厂里工作，和其他工人一样每天从早晨9点忙到下午5点，他们很喜欢这份工作。我不想把过多的利润让给保险公司，否则一旦我去世了，我的两个儿子就有面临危机的可能。"

表面上看，厂长的第一个原因合情合理，而实际上第二个才是真正的原因，了解到这个情况，就为进一步销售保险提供了机会。马佳决定为他制订一份保险方案，给予他两个儿子极大的利益。结果对方对这份方案表现出浓厚的兴趣。

其实，在销售中，许多客户会像厂长这样为了掩盖拒绝的真实原因，用一些虚假信息做托词。遗憾的是，销售人员却不是都能像马佳那样可以听到客户的故事，了解客户拒绝的真正理由。因此，他们也就不能在客户反对意见刚萌生的时候，把客户的顾虑打消掉，时间一长，他们也就真的不需要了。

所以，销售员需要引导客户讲他们的故事，这样你才能了解他们拒绝背后的真正原因，知道自己该采取哪种应对措施。

通常来说，客户的故事中，不外乎以下几种拒绝真相：

1. 需求问题。一种情况是因为他没有意识到自己的需求。作为销售人员，你的首要任务就是让客户认识到这种需求，并把这种需求强化，而不是拿客户没有需求的观点来说服自己。还有一种情况是客户不急需，尚未达到促使他立即采取购买行动的程度。

对付这种拒绝的最好办法是，让客户意识到立即购买带来的利益和延误购买将会造成的损失；另外，还有一种情况是，客户由于没有足够的理由说"是"才说"不"的。在客户尚未认识到商品的方便和好处之前，销售员如果试图去达成交易，那几乎是不可能的。因为谁也不愿意随随便便地贸然购买而被人看作是傻瓜。在这种情况下，客户缺少的是诚心实意的帮助。销售人员应该帮助客户认识到产品的价值，发现自己的最大利益，好让他有充分的理由放心购买。

2. 金钱问题。一般来讲金钱的多少将直接影响客户的购买力，所以碰到自称没钱的客户，理论上讲还是有希望的。解决的办法是摸清他的真实想法：是真的没钱？还是目前钱不够？还是对产品质量有顾虑？多站在客户的角度想想，才能多促成一笔生意。

此外，涉及金钱的还有一个价格问题。有关资料统计过，国外只有5%的客户在选择产品时候仅仅考虑价格，而有95%的客户是把产品质量摆在首位的。从这个角度来看，嫌产品贵肯定只是表面现象。客户之所以这么讲，肯定是认为产品不值这么多钱。但客户的这个评估仅仅是他心理的评估而已。这种情况下，销售人员就要在产品的价值上下功夫，让客户对产品的价值有全面的了解。

3. 时间问题。这是最常见的也是最没办法的一种拒绝方法。应对这样的客户，如果能在开始的几分钟引起他的兴趣，就还有希望。当然如果客户正在忙，或正在闹市区，接听电话也不大方便的话，就没有必要再浪费时间，明智的选择是留下资料和联系方式，另约时间。

另外，还有一种情况是客户需要时间考虑考虑。把资料和样品已经给客户看了,演示了。眼看马上就能成交了,但到最后客户依然会说再考虑考虑时,销售员一定要跟紧,不要出于礼貌说:"那你再考虑考虑吧。"一定要约好和客户下次见面的机会。否则"考虑"的结果一般是几天后再去时得到的答复是"不好意思,我们已经选择了别家产品了",或者是眼睁睁看着客户在别的柜台买了竞争对手品牌的产品扬长而去。

4. 信任问题。因信任问题而拒绝,不是拒绝销售的商品,而是拒绝销售行为人——销售人员。人们通常认为,销售的关键取决于产品的优劣程度。这虽然有一定的道理,但不能一概而论。有时即使是好的产品,在不同的销售人员身上的业绩却大不相同,原因是什么呢?大量的证据表明,在其他因素相同的情况下,客户更愿意从自己所信任的销售人员那儿购买。因此,要想成为一个成功的销售人员必须在如何获得客户的尊重和信任方面多动脑筋。

让客户的故事跟着你的思路走

许多销售人员会产生这样的困惑:为什么我把故事讲得这么美妙动听、产品介绍得这么全面到位,客户听得也很认真仔细,可是真正到了成交的时候,他们就是没有反应,不愿意立即成交呢?

其实,根本原因就在于客户在心里有自己的想法与需求,而销售人员只想着自己快速推销产品,却没有认真地了解过客户的故事。单纯地把自己的思维强加到客户身上,这样自然很难成交了。

事实上,成功的销售员往往不是直接给客户讲故事,向客户直接推销自己的商品,而是会领着客户的思路,引出他们的故事,套出他们的需求,最终一步步地走向自己推销的目的地。

美国用电的历史刚开始的时候,费城电气公司的卡尔到一个州的乡村去推销电,他到了一家富有的农家面前,叫开了门,户主是个老太太,一见是电气公司的代表,猛然把门关闭了。

卡尔再次叫门,门勉强开了一条缝。卡尔说:"很抱歉打扰了您,也知道您对用电不感兴趣。所以这次并不是来向您推销电的,而是来向您买几个鸡蛋。"老太太消除了一些戒意,把门开大了一点,探出头怀疑地望着卡尔。卡尔继续说:"我看见您喂的道明尼克鸡种很漂亮,想买一打新鲜的鸡蛋回城。"

听到他这样说,老太太把门开得更大一些,并问道:"你们自己家没有鸡蛋吗?"卡尔充满诚意地说:"因为我家的力行鸡下的蛋是白色的,做蛋糕不好看,我的太太就要我来买些棕色的蛋。"

这时候,老太太走出门口,态度温和了许多,并和卡尔聊起鸡蛋的事情。聊了一会儿,卡尔指着院里的牛棚说:"夫人,我敢打赌,您丈夫养的牛赶不上您养的鸡赚得多。"老太太被说得心花怒放。长期以来,她丈夫总不承认这个事实。于是,她把卡尔视为知己,带他去鸡舍参观。卡尔边参观鸡舍边赞扬老太太养鸡的经验,并说,如果能用电灯照射,鸡产的蛋会更多。老太太对用电似乎不那么反感了,反而问卡尔用电是否合算。当然,她得到了满意的回答。

两个星期后,卡尔在公司收到了老太太交来的用电申请。

这个故事给我们的启示就是:作为销售人员,你不要一开始就急于推销自己的产品,而是应该通过周密的提问,一步步将客户真实的需求引导出来,并且保证他们一直在跟着自己的思路走。这样,才能将客户带入自己精心设计的环环相扣的谈话中,得出自己想要的信息,然后再提出自己的能够完全符合他们需求的产品,这样,客户自然会痛快地成交了。

当然,要想让客户顺着你的思路走,这并不是一件容易的事,尤其是在你与客户没有过多接触之前。但是,即使无法完全"对症下药",这里仍然有一个放之四海而皆准的法则——保持与客户的观点或意见一致,这样,他们就会对我们产生奇妙的认同感。美国得克萨斯大学的乔纳森·考拉教授为其命名为"一致效果"。也就是说,作为销售人员,我们就要在交流中多说一些肯定性的话,肯定客户的为人、能力、处事,那么在一致效果的作用下,就能增强他们对我们的信赖感,就能让"放松警惕"的客户走进我们的思路"陷阱"。

具体一点说,你可以试试在这些地方下功夫:

1. 认同客户的观点。客户的观点或许并不一定正确,但是想要让客户认同你的观点,你就得先"认同"他的观点。这样作为"礼尚往来",客户才可能放下戒备心理,从而开始试图接受你的观点。如果某些销售人员只是为了逞一时英雄、图嘴上痛快,而否定客户的观点的话,后果可想而知。

2. 理解客户的心情。人人都渴望被理解。而且,人们往往会对于能够理解自己的人产生一种莫名的亲切感。所以,销售人员应该尽量站在客户的角度,理解他们的心情,掌握他们的心理,从而引导其达到自己的目的。

3. 感谢客户的建议。客户的建议往往是其内心最真实的需求。有时候客户提的意见连专家都想不到,它独特而真实,蕴藏着巨大的商机。所以,学着感谢客户的建议,不但能给客户留下一个好的印象,也能使自己的销售水平得到提高,甚至还有可能开发出新的市场来。

安全空间，更容易让人敞开心扉

在销售过程中，客户讲得越多，销售成功的可能性越高。关于这一观点，我们无须多言。那么，你知道在什么情况下，客户才乐于分享自己的故事吗？

其实，除了我们在前文中反复阐述的言语引导，还有一种情况，那就是空间（既包括物理空间，也包括心理空间）影响。

这是因为，不仅仅在家庭、团队等社会公认的亲密关系中我们需要"安全感"，在销售关系中，安全感一样是一项很重要的心理需求。当客户感觉不舒服、不安全，如可能会被压逼、被强迫、被恶性骚扰、被巧妙设计时，他们就会进入到防御状态。处于心理防御状态下的客户，他们会拒绝回答销售人员的问题，拒绝分享自己关于现状的困扰，拒绝讲述关于自己的一切故事。只有足够舒适的物理空间和足够安全的心理空间，才能让他们敞开心扉。

一家五金公司的业务经理，有一次，打算去拜访一位重要客户。在拜访这位客户之前，他搜集各方资料，了解到这位客户有一个特殊的爱好，就是特别喜欢打高尔夫球。于是，他打电话跟对方约定在高尔夫球场见面。

简单的问候之后，业务经理发现客户的表情很不愉快，似乎还带着怒气，便把自己要说出来的话硬生生地咽了回去，只是一味地陪着对方打高尔夫球。

几个回合下来,对方已大汗淋漓。业务经理见此,立即将一瓶饮料递了过去。那位客户接过饮料,一饮而尽,然后,深深地喘了一口气。这时,业务经理立即把自己准备已久的话题说了出来:"想必您平常经常来打高尔夫球吧,刚才那几杆真是打得太好了!"客户立即来了兴趣:"那是,我一不高兴就来打高尔夫球。不过,我有一个不好的习惯,在我心情不好时打高尔夫球就特别不喜欢别人打扰我。"听到这里,业务经理暗暗松了一口气:幸亏我一开始就注意到他那副气冲冲的样子。他附和着客户说道:"每个人都是这样,心情不好时,都不喜欢被人打扰。上周的时候……"

交谈中,这个业务经理了解到,原来客户之前刚刚与上司发生了争吵。敞开心扉之后,业务经理发现客户心情大好,便说道:"那请先生看看我们公司的产品怎么样?""把资料与样本给我吧。"客户细细地看了看后,就大笔一挥签下了自己的名字。

一项调查显示,客户的购买行为,70%以上的决定都是在购物环境里面做出的。可见,关于销售氛围的营造和提升,绝非小事。这是值得每一位销售人员花大力气去研究和学习的。

那么,我们应该怎样做,才能为客户提供一个"安全空间",让他畅所欲言呢?

一方面,我们可以选择一个合适的见面地点。我们都深有体会,在自己的家里、在自己的亲人面前才会感到不受约束,感觉到自由随意,而在其他场合就会受到拘束。如果客户不喜欢你上门拜访,那也可以选择客户喜欢去的地方。比如上面那个例子,客户喜欢打高尔夫,销售人员将客户约在高尔夫球场就是明智之举。

另一方面，我们可以人为营造一个交际的氛围。一群志趣相投的人们在交谈，嬉笑，度过愉快的时光，而派对的主人给每个人的酒杯加上一口酒，再把他们的注意力转移到自己销售的产品上来……销售时营造这样一种交际氛围，会使销售人员和客户之间形成友好的关系。例如，美国的一家玻璃器皿公司放弃了零售商店，而是采用家庭聚会的方式直销。聚会的主人召集了一些朋友，满面春风地与大家聊天，为大家端茶送水，然后不失时机地要求大家购买产品。结果使其每天的销售量超过了250万美元！这样的结果你很难说没有交际氛围的功劳。

此外，还有最重要的一方面，那就是看销售员自己是否给客户带来了安全感。如果你可以让客户觉得：即使我分享了自己的隐私，也是安全的，没有人把它作为修理我、嘲讽我、强迫我的工具。那么，你就成功了。在这方面，我们无法给你提供具体的方案，你真诚的品质才是最高明的手段。

坚持，才能让你听到想听的故事

或许每一个刚入行的销售员都曾经有过这样的疑问：平庸的销售员与优秀的销售员相比，到底差在哪里？

其实，优秀的销售员与平庸的销售员并没有多大的区别，只不过是平庸者走了99步，而优秀者走了100步而已。突破销售的瓶颈，往往在于最后那一刻的坚持。这种坚持，包含了销售人员应有的耐心、信心，是在销售舞台上长袖善舞的必备素养。

其实，挫折与失败可以说是销售工作的家常便饭，即使是再资深的销售人员也不可避免，这并不是什么大不了的事，重要的是你怎么去面对。被拒绝了，你可以换一种方式再沟通。只要不轻易放弃，你就有可能听到最想听的故事，找到最正确的解决办法。被拒绝打掉了你的热情才是最可怕的。

现任美国总统唐纳德·特朗普，年轻时曾在当地一家房产中介做过销售员。

第一天上班时，他遇到了一对60多岁的老夫妇，他们希望可以买下地处郊区一所带小院的房子。

当时的唐纳德·特朗普没有一点经验，在自己没有了解清楚房屋信息的情况下，便带着这对老夫妇去看房了。等到了小院他才发现这里破旧不堪，屋子里有好几块地板都坏了，而且，房主出的价格并不便宜。在这种情况下，唐纳德·特朗普看得出来两位老人并不满意，有放弃购买的意思。

但是，他并没有就此放弃，而是更加积极地跟那位老先生聊了起来。当他们聊得有些累的时候，他和老人便在院子里的樱桃树下歇息。不一会儿，他们竟然将话题扯到了葡萄酒上。通过老人的讲述，唐纳德·特朗普了解到，这个老人年轻的时候非常喜欢喝葡萄酒，之所以想要在郊区买个小院子，是因为不想离儿女们太远，并且自己可以有个安静的院子度过晚年。更重要的是，两位老人对这个小院子所处的位置非常满意，尤其是院子里的这棵樱桃树。唯一的顾虑就是买下来以后需要花费大价钱来装修，装修时怕工人们欺瞒，而他们的儿女又没时间来帮忙。

了解到这些情况之后，唐纳德·特朗普有了自己的打算。他对两位老人说："这一点好办，装修的工人我们公司可以负责给你们联系，你们只需要付点人工费就可以了。"在唐纳德·特朗普的热心帮助下，两位老人终于买下了这座房子。工人们也很快就按着老人的要求将整个小院进行了简单的装修，而且还为两位老人在樱桃树下安置了石桌、石椅。他们合作得非常愉快。

在这个例子中我们看到，当发现两位老人不愿意买那个小院的时候，唐纳德·特朗普并没有因此而放弃，反而更加热情地和两位老人聊天，倾听了老人的故事和顾虑，正是这一点，让这场房屋买卖出现了转机。

遗憾的是，现实生活中，许多销售员对失败的结论下得太早，遇到一点点挫折就对自己的工作产生了怀疑，甚至半途而废，那前面的努力就白费了。

一个成绩斐然的销售人员曾说过，头一次提出成交要求就获得成功的买卖，在他做成的所有买卖当中只占十分之一，他在精心准备推销活动时，要设计好几种成交法，如果头一次努力没有成功，下一次努力还有可能产生较好的结果。他在签合同前做好了被拒绝一次、两次、五次、七次，甚至八次的准备。他根本不怕遭到对方的拒绝，那样反而能增强他进一步争取成交的动力。

其实，不管什么时候，总是那些拥有极大耐心、坚定意志的人才更容易在社会上找到自己的位置。人人都依赖那些为事业百折不回、能坚持、能忍耐的人，愿意与他们合作，因为坚定的意志能产生牢固的信用。当你明白了成功是用失败堆积而成的时候，你就会在遇到挫折或困难时，去正视它，并去克服它。即使一时失败了，但只要坚持下去，早晚会成功。

第七章
永远不要忘了你讲故事的目的

故事要为产品服务,这是永远不能忘记的原则。如果你不能让故事与销售保持一致,那么你就只是讲了一个让客户聚精会神的故事而已。

故事和你的商品应该高度契合

在实际的销售工作中,我们发现许多销售员把讲故事仅仅理解为闲聊。他们希望可以通过一些无关紧要的小故事,使双方放松一些,熟悉一些,造成一种有利于交谈的氛围。

这当然没问题。但是,如果可以把产品的"卖点"充分在故事里呈现出来,岂不是更好?既可以拉近彼此的心理距离,又有益于打开销售的局面。事实上,有经验的推销员,总是善于从闲聊中找到契机,因势利导,言归正传。

我们看下面这个例子:

在一个名表专柜前,导购小姐正在向一名客户推销手表。

在客户挑选手表时,她注意到客户手腕佩戴着一块国产梅花表。这是一款老式手表,她相信这里面一定有一个故事。于是,她微笑着对客户说:"先生,您现在佩戴的这块表也很好看哦,很经典的。不过看款式,应该是比较早一点的吧。""对。这是我妈妈送给我的。戴了几十年了,很有感情。""很漂亮,阿姨可真是会选礼物,要知道,在那时候,手表可是很贵重的礼品呢。"两个人说着说着都笑起来了。"那您今天想买一块什么样的表呢?""其实我是来给我妈妈买的。因为过几天就是她六十大寿的日子,我想选一个特别的生日礼物送给她。"

谈话进行到这里，导购小姐迅速做出了以下判断：客户需要一个既能满足老年人的使用需求，又能表现儿女对父母的亲情孝心的贵重礼品。所以，她立即做出了回应："呀，你母亲六十大寿了，真是可喜可贺。我们有专门针对老年人开发的系列产品。上次也有位客户在此购买这款表作为祝寿大礼，深得老人家欢心。请到这边来看一下。"

让我们再看一个例子：

某人决定买一辆新车，于是，他开着原来的旧车来到车行选购。车行销售员替他打开车门后说："呦，您这车子可真够漂亮的啊，在我见到过的二手车子中算好的。"他一听销售员说自己的车子漂亮，连忙表示感谢，并且说自己也非常欣赏这辆车。销售员接着说："这样吧！让我把估价员叫来，看看我们能给您这辆好车付多少钱。如果这辆车的机器也像外表一样好的话，今天就可以做成贴旧换新的交易，包您满意。"

估价之后，销售员再次重复说："先生，这确实是一辆好车。机器的情况比外观还要好。"他顿了一下，接着说，"当然，请不要误会，我很高兴您能到这里来，但我又有点儿好奇，您为什么在这个时候要把这么漂亮的一辆好车换掉呢？"

其实，销售员心里非常清楚对方打算换一辆汽车，就一定有他自己的道理。果然这个人说："实话告诉你吧，大约再过三个礼拜，我们要去X地举行一次家庭大聚会，我想如果能驾着一辆凯迪拉克牌子的汽车去那里，就太完美啦！"

销售员一听，马上就表示他此举会在那次聚会中非常有面子，并开始计算。几分钟后，销售员以激动的声调说："先生，报告您一个好消息，由于您那辆车的状况良好，与众不同，您只要再付462145元，就可以换一辆新的凯迪拉克啦！"尽管这个价钱超出了他的预期，但是刚才和销售员交流得比较愉快，并且拒绝了面子上也过不去，所以这个人最终平静地接受了这笔交易。

客户的需求永远是销售的基础，脱离了客户需求的闲聊只是空谈。卖手表就讲关于手表的故事，卖汽车就聊关于汽车的故事，故事与商品高度契合，你也就不必再费力想什么转折，完全可以顺理成章地完成销售，何乐而不为？

当然，有时候，我们也不见得总是能让故事与商品完全契合，但还是可以找到一些方法，进行有大致目的的闲谈。如，你希望了解别人对某方面的反应时，可以像提问一样，主动引出正式话题，从而促使客户交谈，也可以采用迂回方式，引出与实质性问题相关的话题。这样的交谈形式，也比完全无关的闲聊，更能让你了解客户比较真实的想法，更有利于销售工作的开展。

用好故事中的心理暗示艺术

琼斯女士在30岁生日那天,突然想让丈夫送自己一件特别的礼物。送什么呢?想来想去,她想到结婚五年以来,丈夫从来没有为她做过一顿饭。于是,她想让丈夫下一次厨房。

琼斯女士想要的礼物,对于一般人来说是再简单不过了,但是对于她丈夫来说,却非常困难。因为这位男士对油烟过敏,一闻到油烟就咳嗽不断,所以特别反感进厨房。但是,琼斯女士觉得是自己过生日,自然自己最大。所以,当丈夫提着生日蛋糕进门时,她大声向丈夫命令道:"今天你必须为我做一顿饭。"

她的丈夫本来也正有这个打算,但是当他听见妻子强硬的口气后,他的心里变得有些抵触。他觉得如果自己乖乖地服从了"命令",岂不是太没面子了。于是他打消了为妻子做饭的念头,并且做出一副绝不服从的样子,就是不肯进厨房。于是,生日晚餐变成了一场激烈的争吵。

我相信,你对琼斯丈夫的这种心理也有着深深的共鸣。没有一个人喜欢被支配。如果你给他人试图支配他的感觉,他只能对你产生抵触。

人类的这种心理本能给销售人员的启示就是:不要对客户紧追不舍、喋喋不休地推销,把"你要卖,你要卖给他"的思想,通过一种方法转化为客户头脑中"我要买,我要在这儿买"的想法。

这个方法就是心理暗示。讲一个故事来暗示客户，胜过讲一整套道理，举一大堆数据。

那么，什么是心理暗示呢？心理学中，在无对抗的条件下，用含蓄、抽象诱导的间接方法对人们的心理和行为产生影响，从而使人们按照一定的方式去行动或接受一定的意见。这种现象就称为暗示效应。也就是说一个人不自觉地接受暗示，并按暗示做出行为反应的心理现象。

一位销售专家总是随身携带着一本有许多页的客户名单，名字都是客户自己手写的。每当面对新的客户，他都将名单放在桌子上。"你知道我们非常以我们的客户为荣，"他说，"你认识最高法院的威廉法官，对吧？我估计你也认识理查德，全国制造公司的总裁。他们都使用过我们的产品。你看，这是他们的名字。"他会饶有兴致地和新客户谈论这些名字，然后说："有这样一些人都接受了这个价位，如……"他接下来念着一些更知名的人的名字，"具有这种才干的人是什么样的人，就具有什么样的判断力。我想把你的名字写在下面，和威廉法官与普雷市长的名字放在一起。"一般来说，无须再进行其他的争论，他就与多数客户成交了。

这里，这位销售专家就是利用了从众效应的心理暗示，只有好的商品才会有这么多人（更有知名人士）使用，跟着大家的选择一定不会错，在这样的心理暗示下，客户最终做出了购买决定。

其实，除了这种正向的暗示，还有一种反暗示，即暗示者发出暗示后，引起了受暗示者性质相反的反应，这也就是我们常说的"激将法"。

例如日本著名的寿险推销员原一平，在一次推销中就采用了这种办法。他已经去一位客户家里拜访了三次，但对方一直对自己不理不睬。这是一个性格比较孤傲的客户。这一次，原一平实在是沉不住气了，于是便对客户说："您真是个大傻瓜！"客户一听急了："你说什么，你敢骂我？"原一平立刻笑着对他说："您别生气，我只不过是和您开个玩笑而已，千万别当真。只是，我觉得有些奇怪，您比利华公司的老板更有钱，可事实表明他的身价却比您高得多。因为，他购买了100万日元的人寿保险。"不料，这位客户被原一平的话给激醒了，很快就做了个决定：他要购买200万日元的人寿保险。

不过，激将法并不是适用于任何人的，在使用上，一定要根据不同的交谈对象，采用不同的刺激方法，才能收到满意的效果。正如世界级著名潜能大师安东尼·罗宾所说："自尊心、虚荣心和好胜心，是激将法的绝佳伴侣。如果你的客户恰好对这些都不是那么敏感，那么很难起到激将的效果，甚至还有可能把一桩很有希望的生意逼进死胡同。"

比喻，不只是一种修辞手法

比喻，是一种常用的修辞手法。也就是我们常说的打比方，是指根据联想，抓住不同事物的相似之处，用浅显、具体、生动的事物来代替抽象、难理解的事物。即所谓"举也（他）物而以明之也"。

如果我们可以在给客户讲故事时，用上这种修辞手法，不仅可以把一些深奥复杂的东西说得深入浅出、易于理解，而且，一个恰到好处的比喻，也会让你的故事变得更丰满，对客户更有吸引力。

一家制造电灯泡公司的董事长，正在全国各地进行旅行推销。他希望代理商们能够积极配合，使公司生产的电灯泡能够打入各级市场。

有一次，他将当地代理商全部召集起来，开始了他的演讲："经过许多年的苦心研究和创造，本公司终于完成了这项对人类大有用途的产品。虽然它还只能说是二流的产品，但是，我仍然要拜托各位，以一流的产品价格，来向本公司购买。"

台下一片哗然："有没有搞错？谁愿意用一流产品的价格来买二流的产品啊？""二流的产品当然应该以二流产品的价格来交易才对啊！你怎么会说出这样的话呢？"大家都以莫名其妙和怀疑的

眼光看着董事长。"那么，请你把理由说出来给我们听听吧！"有人高声叫道。

董事长示意大家安静下来："大家知道，目前我们这个行业中可以称得上第一流的，全国只有一家。一直以来，他们可以说是垄断了整个市场，即使抬高价格，大家也仍然不得不按厂商开出来的价格去购买，是不是？如果有同样优良的产品，但价格便宜一些，对大家不是种福音吗？"大家纷纷点头，似乎明白了一点。

董事长接着说："就拿拳击比赛来说吧！拳王阿里的实力，不可否认。但是，如果没有人和他对抗的话，拳击赛就没办法成立了。因此，必须要有个实力相当、身手不凡的对手来和阿里打擂台，这样的拳击才精彩，不是吗？现在，灯泡制造业中就好比只有阿里一个人，你们没有办法从他身上赚多少钱。但如果这个时候多出现一位对手的话，就有了互相竞争的机会。换句话说，就能够把优良的新产品以低廉的价格提供给各位，大家一定能得到更多的利润！"

看到大家若有所悟的样子，董事长认为摊牌的时间到了："而我，就可以充当另外一位阿里！但是因为本公司资金不足，无法在技术上有所突破，所以目前只能制造二流的灯泡。如果各位肯帮忙，以一流的产品价格来购买本公司二流的产品，这样我就可以筹集到一笔资金，把这笔资金用于技术更新或改造。相信不久的将来，本公司一定可以制造出优良的产品。这样一来，灯泡制造业等于出现了两个阿里，在彼此的大力竞争之下，毫无疑问，产品质量必然会提高，价格也会降低。到了那个时候，我一定好好地谢谢各位。此刻，我只希望你们能够帮助我扮演'阿里的对手'这个角色。但愿你们能不断地支持、帮助本公司渡过难关。因此，我要求各位能以一流产品的价格,来购买本公司的二流产品!"

这次,不再是一片嘈杂声,而是一阵热烈的掌声响起。为了"另一个阿里"的产品,许多代理商不仅增加了订单,而且愿意用一流产品的价格购买。

在这个案例中,董事长先是用一句看似不可理喻的话引起了客户的好奇心,接着便用了一个比喻改变了代理商们的看法,达到了自己的目的。

其实,我们之所以给客户讲故事,本就是希望把那些生硬、枯燥的解说表述得生动具体,使别人印象深刻。如果可以在其中加入贴切的比喻,就更能化难为易,增强说服力了。

在具体的运用当中,又可以分为明喻、借喻、博喻、引喻四种方法。明喻法,这是相对于修辞中明喻的手法而言的。也就是说,在说话时,可以同时摆出借用的喻体事物和与之相似的本体事物,然后显示出两个事物间的相似性;借喻法,当然,这就是在言谈中运用借喻的手法,即在言谈中不提本体和喻体事物,而只言所借的喻体事物,让听者自己感悟本体和喻体之间的相似性、联系等;博喻法,即在言谈中使用三个或者四个以上的比喻,从而从不同角度、层次或者阶段去表明事物间的性质、道理、联系等;引喻法,即引用寓言、典故、神话传说等证明所喻本体事物的道理。

像上面的例子,董事长采用的就是明喻法。其他比喻方法,我们就不在此一一细说了,需销售员自己细细琢磨,并将其运用在实际的销售工作中。

互动，是实现销售的不二法门

销售一定是一个互动的过程。如果销售员自己侃侃而谈，而客户在一旁插不上话，我们实在无法将其定义为一次成功的销售。

事实上，客户的需求才是其购买产品的先决条件，而互动则是销售员了解客户想法、意见最简单的方法。无论是你给客户讲故事，还是引导客户讲故事，过程中都必须进行互动与沟通。

让我们看看下面这个销售员是怎么做的吧：

销售员："经理您好，我是德国管理咨询公司的×××，想请教您几个问题。"

客户："什么问题？"

销售员："是这样的，经常有许多公司给我们打来电话，向我们公司咨询关于库存管理、产品分类管理，以及账务管理方面的问题，还请求我们给他们提供这方面的人才，不知您在这方面有什么更好的观点与意见？"

客户："这个很简单，我们有专人负责仓库管理这块，产品分片分区管理，财务也有专人负责。只是，我也有些困惑，就是他们办事效率很低，我需要的报表，往往不能够及时统计出来，造成信息不顺畅。不知道你们有什么好的解决办法？"

销售员："请问，您目前使用是什么管理软件？"

客户:"管理软件?那个有点太尖端了,会用的人不多啊,我们现在一直在用人工做账。"

销售员:"向我们打来咨询电话的那些公司,也是喜欢采用人工做账,只是没有您分配得那么细致、有条理。不过,现在他们的这些问题都解决了,您知道他们是怎么做的吗?"

客户;"是吗?怎么解决的?"

销售员:"他们使用一种叫作×××的财务管理软件,不仅节省了人力,而且每天都能够了解那天的进、销、存、畅销产品、滞销产品比例、进出账情况、欠账、拖款情况等。不知道您是否也感兴趣呢?"

客户:"是吗?有这样的软件?哪里能买到?"

销售员:"这样吧,我下午两点到你们公司,您在吗?我把软件带过去,顺便给您的员工讲解如何使用这个软件,怎么样?"

客户:"好啊,我会在这里等你。"

可见,带着问题讲故事,是形成有效互动、发掘客户需求、争取客户注意力和时间的有效方法。

不过,现实生活中,许多销售员,尤其是刚入行的人,往往不知道怎么与客户进行互动,他们要么自说自话地讲故事,要么就突兀地对客户来这么一句:"请问您对××商品感兴趣吗?""您是不是想买××商品?"这样的沟通方式,往往难以继续下去。

那么,如何互动,才能既吸引了客户的注意又让客户暴露出更多的需求信息呢?

这就要求销售员必须掌握一些提问的技巧。具体来说,应把握下面两点要求:

1. 问题必须切中实质。客户都有被理解的欲望，在他们看来，"你理解其需求"要比"他了解你的产品"重要得多。当然，就算客户没有这样的心理，销售人员也必须首先了解客户的需求，才能针对客户的需要为他们提供恰当的服务，使买卖成交。

但是有些时候，客户又往往是非常健谈的人，比如你问："你今天过得怎么样？"客户可能会从早餐开始一直谈到今天的天气、交通状况等等，漫无边际。这时，就需要你把问题转移到自己的目的上来，可以采用这种话语："您的话使我想到……""听了您的话，让我想起……"这样，你就有意识地把客户的话题转移到你想要交谈的话题上来了，千万不要没有限度、漫无目的地脱离最根本的销售目标。

在约见客户之前，我们最好针对最根本的销售目标，根据实际情况进行逐步分解，然后根据分解之后的小目标考虑好具体的提问方式。这样制定出来的问题，不仅可以避免因谈论一些无聊话题浪费彼此的时间，又可以循序渐进地实现各级目标。

2. 建立对话的氛围。没有人会喜欢审问式的交谈方式，客户也不例外。审问式的交谈方式，会使客户有种被胁迫的感觉，这样，就会增加客户的戒心，甚至招致客户的严重反感。而大量地使用封闭式的问题，就会造成审问式的交谈结果。所谓的封闭性提问是答案已经受到限定的提问，客户只能在有限的答案中进行选择，这些答案往往是"是""不是""对""错""有"或者"没有"等简短的答案，如"我能否留下产品的相关资料呢？""您是不是觉得和大公司合作比较可靠？"等。封闭性提问不仅会使客户产生被审问的感觉，销售人员也只能从客户的答案中得到极其有限的信息。

要想避免审问式交谈，最佳方式就是多提开放性的问题。即销售人员不要限定客户回答问题的答案，而完全让客户根据自己的兴趣，围绕谈话主题说出自己的真实想法。通常开放性问题包括以下疑问词："为什么……""……怎（么）样"或者"如何……""什么……""哪些……"等。具体的问法还需要销售员认真琢磨和多实践才能运用自如。开放性提问可以令客户感到自然而能畅所欲言，有助于销售人员根据客户的谈话了解更有效的客户信息。而且，在客户感到不受约束、畅所欲言之后，他们通常会感到放松和愉快，这显然有助于双方的进一步沟通与合作。

故事讲完了，销售工作可没完

我们是在做销售，而不是在开故事会，因此，我们不能讲完故事就"下场"。我们必须再做点什么来促进销售工作的展开，通俗点说，我们讲完一个故事，还要会利用它。

之前在国内某个知名门户网站首页上，我们经常可以看到一个英语培训机构的广告。那是一篇营销软文，整个广告文章通篇都在讲学英语如何如何重要，极具说服力，会让每一个阅读的人，觉得真的是非常重要。但关于这个培训机构的信息呢？仅仅是在最后留了一个机构名称和电话，一篇文章就这样完了。

事实上，这并不是个知名的培训机构，仅仅是一个地域性的培训机构，甚至没有在线课程。也就是说其本身并没有什么品牌影响力可以让他们有资本这样做。毫无疑问，这自然是失败的营销。

那么，如何才能让故事在销售中发挥它应有的作用呢？

一个要点是：不要让"动听"掩盖了商品的信息。有时候，为了吸引客户的注意力，我们会特别注意故事是否动听，追求故事的趣味性、猎奇性等。这样做，也许的确能达到吸引客户眼球的目的，但如果你无法将故事与商品有机地结合在一起的话，故事再动听也没有什么意义。毕竟，在销售中，好故事存在的意义就是为产品服务。

当然，我们希望故事有的放矢，要针对产品、客户，但绝对不能胡乱发挥。比如，前段时间特别流行的歌曲《成都》，曾深深打动了许多人，甚至有人说有种立刻买张到成都的火车票或机票就去一趟成都的冲动。因此，有人建议在歌曲的评论区增加一些增值服务，如《成都》这首歌的评论区增加票务系统接口等。

这真的是个好主意吗？不见得。如果我们在听歌的时候在评论区看到票务系统接口，必将会极度影响听歌体验，甚至反感。

事实上，真正有买票冲动的那个人，是因为他毕业旅行的时候第一站就是成都，成都给他留下了深刻的印象。所以《成都》之所以打动这位同学，是因为《成都》与他的回忆建立了关联，引起了共鸣。这并不能代表大多数人的感受。

因此，我们用故事跟客户建立关联时，一定要考虑故事与用户的关联性，是强关联，还是普遍关联？

另一个要点是：让故事有一个好的收尾。上学时，我们都知道，在文章的主题已经得到充分表现的基础上，如果再加上点题之笔，不但可以使读者更准确地把握中心思想，而且也可以在结构上起到收束全文的作用。这种写作手法用在这里也是恰如其分。

某电器公司一直想向一所学校推销一种用于教室的照明设备，但出动了很多推销人员，联系了很多次，都无功而返。这时，有一个新加入公司的销售员也想试试。

他了解到，下午3点，学校所有教师都会集中在一间大教室开集体会议。两点五十分，他闯入教室，并声明只需要一分钟时间。只见他从包里拿出一根事先准备好的钢棍站在讲台上，对所有的教师说:"各位老师们,你们看,我用力折这根钢棍,它就弯曲了。当我松开手,它又弹回来,恢复原样。但是,如果我用的力度过大,超过了钢棍的承受力,它就不会变得很直。其实,现在,我们孩子们的眼睛就像是这根钢棍,如果他们的视力受到的损害超过了眼睛所能承受的限度,视力就无法恢复了,到那时,再花多少钱也是无法弥补的。"

结果,学校当场就决定,购买他们电气公司的这种照明设备。

如果销售员全程只讲钢棍,一定会被当成神经病轰出去。当然,我们这么说有些极端,任何一个销售员都不会这样做。不过,其中的道理却是显而易见的。

总之,带着目的去讲故事,让故事为产品服务,故事才会成为我们最厉害的销售武器,这一点我们必须牢记。